楼閣式塔《ろうかくしき》の例

雲崗西九洞木塔浮雕(北魏)

河北省易縣千佛塔

陝西省長安(西安)
薦福寺大雁塔
(唐)

廣州
赤岡塔
(明)

山西省太原市
奉聖寺塔
(清)

チベット式塔の例

(元)
北京妙應寺白塔

(明)
山西省五台縣山大塔院塔

(清)
北京北海永安寺白塔

塼塔

中国の陶芸建築

柴辻政彦

はじめに

京都の平安神宮の朱色の鳥居のまえを東から西へ横切る疎水ばたに、「藤井有鄰館《ゆうりんかん》」という中国の古美術を陳列している私立美術館がある。建築は中国趣味とアール・ヌーボー趣味がまじったもので、小規模ながら、八十年たった今もじつに美しい姿をしている。大正十五年に京都の藤井善助翁《おう》が創設したものだが、建築設計はときの京都帝国大学の武田五一博士。

私の父がこの帝国大学の営繕課に奉職していたころだから、むろん戦前のことである。

どこへでも付いて行きたがる私・・・。あのころの父はかなり権力的だったから、きっと、いたずらをしている私へ「小僧ついて来るか」とでも声をかけたと思う。この有鄰館へは二回くらい同行した。あのころはまだ、日本人に中国趣味が教養として生きていたころだろう。少年の私にはまったく無関係のことであったが、しかし、この洋風建築の屋上に、中国から移設したという黄色い屋根瓦を葺《ふ》いた極彩色《ごくさいしき》の八角形の楼閣がのっているのがなんともチグハグな様子だったのと、玄関の両脇に歯をむきだして吼《ほ》える石の獅子が怖かったのを今もおぼえている。展示室はいかにも荘重で、私は父のうしろでおとなしくしていた。

また、おなじこの岡崎界隈に建っている、緑青色《ろくしょう》の銅板を葺いた京都市立美術館や京都岡崎公会堂〈現・京都市立美術館分館〉は定冠様式《ていかん》（ヨーロッパ式の壁の建物に、日本式の瓦屋根を乗せた建物のデザイン。

鉄筋コンクリートの近代建築と、日本の伝統様式を融合させようとしたもの。昭和初期に流行した建築様式）、京都府立図書館はルネッサンス様式、東山七条の京都帝室博物館〈現・京都国立博物館〉では「玄関の上の三角破風《はふう》の石の彫刻は日本の伎芸天を彫ったものだ」、などと父が説明した声がいまも耳の底に残っている。

きっとこのころのそういうごく断片的な記憶が、後年、私を中国の塼塔建築へ走らせたと思う。

そういえばまだある。

広くもない家の書斎兼客間の七割は書棚で、父の専門は、京都帝国大学の電気工学の青柳榮爾《えいじ》博士の愛弟子だったから電気技師だったが、文学と建築が好きだったらしく、思えば文学書のほかに、そのころの建築学会が出版した、塚本靖、伊東忠太、関野貞《ただす》編『世界建築集成　支那建築』（塼塔建築を多数収録）とか、岸田日出刀《きしだひでと》、土浦亀城《つちうらかめき》共著『熱河《ねつが》遺蹟』（河北《かほく》省承徳府《しょうとくふ》宮殿遺跡を収録。遺跡は遼河《りょうが》の上流に清朝乾隆帝《しんちょうけんりゅうてい》が創建した避暑山荘。チベット・ラサのポタラ宮を模した「普陀宗乗之廟《ふだそうじょうしびょう》」が有名、永佑《えいゆう》寺七層の塼塔などがある。世界遺産として登録され、現在一大リゾート地として賑わっている）などを見ていた。古ぼけてしまっているがこれらの書物は、今も私の書棚にある。

立命館大学の法学部をでてから二度の転職後、三十歳で自立した。株式会社志野陶石の創業である。まもなく、装飾タイルを生産するかたわら、イタリアのモデナからイタリアタイルを輸入した。マジヨリカ陶器に由来するイタリアタイルの源流がペルシャだと知るにつけ、その源流を知らねばならぬと気負いたった。経営が安定してきた十年後、四十歳ころから自ら「建築用タイルの変遷史」と名づけて仕事のかたわら勉強をはじめた。

結局、世界最古のタイルは紀元前のバビロンのイシュタル門やイスラム教のモスクなど、西方アジアの王宮建築や宗教建築に残っているので、建築史をたどる結果になるのだが、ともかく、イタリアのマジョリカタイルのルーツを求めてペルシャからスペインへ、次に、イタリアからオランダ、イギリスへ。そして、アメリカの摩天楼のテラコッタ建築へ眼を移していたころ、やっと中国へ入国できる時代がやってきて宿願だった中国建築の「塼《せん》」を勉強する機会に恵まれたのだった。

中国の塼塔建築、つまり、日本の五重塔建築に匹敵するものだが、まず、〈陶芸〉でできた塼塔建築だけに絞って勉強することを決心した。むろん暗中模索だったが予備知識はいくらかあった。父の古い書籍のほか、中国建築にくわしい京都埋蔵文化研究所の故田辺昭三氏と、若い中国の留学生ですでに京都大学文学博士（中国古代史）になっていた徐朝龍《ジョチョウロン》氏が志野陶石の調査グループに参画してくれた。それに京都大学の中国建築の田中淡《たん》先生をかねて煩《わずら》わせたこともあった。

しかし、現地に行ってみてわかったことだが、予備知識など役にたたなかった。

北京、南京、上海などの観光地なら、現在、日本でもガイドブックは手に入るが、いまから二十五年も前にそういう便利なものはなかったし、まして、中国の田舎の畑のなかに建っている古建築を訪ねるガイドブックなどまったくなかった。

それもそのはずである。中国の長い歴史、多宗教、だだっ広い国土、無数に散在する山裾や村に、まるで捨てられたようにポツンと建っている塼塔である。われわれはホンの数箇所の塔を突き止めて見学するのさえ、そこが閉鎖された敷地の中だったり、路地の奥になっていたり、高粱《こうりゃん》畑の中だったり、廃寺の危険な無人の場所だったり、山の中腹や峰だったりした。しかも、雇ったポンコツの車から降りて、徒歩で塔を目当てに黍畑《きび》をかき分けて辿り着かねばならない。

河南《かなん》省登封《とうふう》県の達磨《だるま》禅師の嵩山《すうざん》・少林寺塔林を訪ねたときも、塼塔は、みなこの禅寺で修行した北魏《ほくぎ》時代以来千五百年の高僧たちのお墓で、起伏する山の斜面全体に見渡す限り塼塔が林立しており、見てまわるだけで碑文も読めず、日が暮れ、途中で退散した。

「ダルマさんの少林寺の塼だけやっても一生かかる」。私は泣きそうだった。

おまけに、中国の国家・省・市の文物《ぶんぶつ》局員、現地通訳、私たちの二人の教授とカメラの東出清彦氏と助手など派遣員平均合計約十名の宿泊所から、どの現場も遠隔地であった。

「塼塔建築に限定する」としたささやかな計画でさえ、無謀なものであることを知った。

それでも三年間で平均二十日間、四回の調査見学を試みている。

ここで紹介する『塼塔 中国の陶芸建築』は、こうした旅の苦労をともなっている。

塼塔《せんとう》　中国の陶芸建築　　目次

はじめに　3

第一章　中国の「塼」　13

一、大地の産物　15
柴辻さんは塼塔建築の見学で「サソリ」を食べたというのは本当ですか。
——「サソリ」は高級料理だそうです。サソリも塼も中国の大地の産物です。

二、塼塔《せんとう》を詠《よ》んだ詩　21
中国の「塼塔建築」っていったいどういうものですか。
——日本にはありません。表紙の写真と、塼塔を詠んだ漢詩を見てください。

三、塼《せん》（チュアン）　33
では、「塼」とはいったい何ですか。
——ごく簡単に言うと、やきもののレンガと陶板のことです。

四、「瓦《かわら》」と「塼《せん》」　41
では「瓦」と「塼」はちがいますか。

——違います。「瓦」は屋根。「塼」は構造の床・壁と、表面装飾の床・壁に用います。

五、画像塼《がぞうせん》、碑文塼《ひぶんせん》　47
「画像塼」、「碑文塼」というのは何ですか。
――紋様《もんよう》を浮き彫りしたものは「画像塼」、墓誌を書いたものは「碑文塼」です。

六、仏塼《ぶっせん》　53
では「仏塼」というのも仏像を彫ったものですね。
――はい。仏像を浮き彫りした塼で、壁龕《へきがん》（ニッチ）に安置しました。

第二章　「塼」のひろがり　61

七、タイル、レンガ、テラコッタ　63
中国の「塼」は、西洋のタイル、レンガ、テラコッタのことですね。
――そのとおりです。ですがその前に西方《せいほう》アジアのことをみておきます。

八、インドの仏教遺跡　75
では、大本《おおもと》のインドの仏教遺跡についてはどうですか。
――西インドの「仏教石窟寺院」や「カジュラホ寺院」など目が裂けるほど壮観です。

九、万里の長城と「塼」　87
万里の長城が「塼」だとすると、「塼」とは複雑怪奇ですね。
――「塼」とは「中国陶磁史」を離れた「中国建築史」に付随する〈窯業〉です。

第三章　「塼塔」を見てあるく　95

十、北京市の塼塔《せんとう》建築　97

北京市近郊の「塼塔建築」をいくつか挙げてください。

——明の「真覚寺金剛宝座塔《しんかくじこんごうほうざとう》（五塔寺《ごとうじ》）」、清の「静宜園昭廟《せいぎえんしょうびょう》の瑠璃塼塔《るりせんとう》」など・・・。

十一、天寧寺塔《てんねいじとう》　109

北京の「天寧寺塔」。堂々たるものですね。

——立派です。一九七六年の唐山大地震で法珠相輪部分が倒壊したままです。

十二、観星台《かんせいだい》と白塔《はくとう》　117

塼塔ではなさそうですが河南《かなん》省登封《とうふう》県の「観星台」はモダンですね。

—ええ、やはり塼塔ですが「元《げん》時代の天文台」です。

白塔というのは。

——やはり、チベット仏教の塼塔です。

十三、少林寺塔　125

河南省登封県の北山麓の「少林寺塔」ですか。塼塔が林立していますね。

——達磨禅師《だるまぜんし》と、少林寺拳法の「少林寺」ですがこれはこの寺の禅僧たちの墓です。

十四、繁塔《はんとう》　131

河南省開封市の「繁塔」、これは六角形の塔全面が「仏塼」ですか。

——都市のなかの千仏洞で、内側も仏塼ですから「千仏塔《せんぶつとう》」と呼んでいます。

十五、鉄塔　139

河南省開封市「祐国寺塔《ゆうこくじとう》（現・開宝寺塔《かいほうじとう》）」の俗称「鉄塔」、これはバカに高い塼塔ですね。

——十一世紀の装飾塼の傑作で五七メートルの高さでそそり立っています。

十六、西安《シーアン》（長安）の城壁　147
「西安の城壁」は現在も建っているのですね。
――明《みん》と清《しん》の時代に修復していますが現存の塼建築です。

十七、大雁塔《だいがんとう》　155
次は、玄奘三蔵《げんじょうさんぞう》の「大慈恩寺《だいじおんじ》大雁塔」ですね。
――はい。インド（天竺《てんじく》）から帰国した玄奘が経典を納め、経訳に専念したところです。

十八、小雁塔《しょうがんとう》、山門　163
西安市の「薦福寺《せんぷくじ》小雁塔と山門」ですね。
――やはりインドの経典・法華経の翻訳僧・義浄《ぎじょう》をたたえた記念塔です。

十九、善導塔《ぜんどうとう》　169
西安市の西南郊外の香積寺《こうしゃくじ》の塔は「善導塔《ぜんどうとう》」というのですか。
――唐代の七〇六年の建立で、浄土宗を開いた善導大師の記念塔です。

二十、『世界建築集成 支那建築』　173
柴辻さんはお父さま所蔵の『世界建築集成 支那建築』の本の虜《とりこ》ですね。
――崩れそうに建っている古い塼塔が骨董のようで大好きです。

おわりに　186

第一章　中国の「塼」

一、大地の産物

柴辻さんは塼塔建築の見学で「サソリ」を食べたというのは本当ですか。
――「サソリ」は高級料理だそうです。サソリも塼も中国の大地の産物です。

中国の塼塔《せんとう》建築について話をするのに、いきなり「サソリ（蠍）」を食う話は不謹慎ですが、ことのついでに「ムカデ（百足）」を食う話なども一緒にしましょう。サソリもムカデも塼も中国の大地の産物ですから…。食用ねずみの子なんか生きたまままるごと食べるのだそうですよ・・・。

もう十五年もまえの夏でしたが、遼寧《りょうねい》省の秦皇島《しんこうとう》・山海関《さんかいかん》で、海から建ち上がった万里の長城が西へ二六九〇キロつづくという東の出発点ですが、長城建築家の周之鐳《しゅうしらい》氏から講義を聞いた後日、錦州《きんしゅう》市、朝陽《ちょうよう》市、義県《ぎけん》市、遼陽《りょうよう》市と、寺や塼塔を見学してまわって、瀋陽《しんよう》の昭稜《しょうりょう》を訪ねた昼食の飯店で七人が二匹ずつサソリを食ったのです。カラカラに油で姿揚げにした薄褐色のやつで、たしかに小さな頭と、胸部から二本のはさみと四対《つい》八本の足とがあり、腹としっぽが長く、それが背中へ反転して先端に毒針が確認できました。調理技術の見せ所でしょう、姿のままでした。ちょうど痩せたクモかハチみたいでした。サイズは小指ほど。わずかにかん高い味覚がしました。盛り付けは平皿で細切りの白菜の上に環状に並べた一皿。サソリは熱帯か亜熱帯の大地に巣くう節足動物だと思っていましたが、夏でしたから、あんな北の地域にもいたのですね。「毒は毒をもって制す」といいますが、サソリに刺されたら、サソリをつぶして塗れば解毒すると聞きました。

イタリアがなんでも食べると思っていましたが、中国はさらに食いますね。

次はムカデです。ムカデは冬です。

中国側のシルクロードの天山《てんざん》地方の雪のなかでムカデは捕獲します。ニワトリの生首を引きちぎって白い頸骨《けいこつ》の皮や筋に血がたれているのを、雪をかき分けて地面近くの何箇所かに仕掛ける。ムカデは冬、食うものに困っている。この罠《わな》を仕掛けた数日後、罠に、親指の太さ、長さ二〇チセンのデカい飴色のヤツが群れをつくって黒くなっている。仕掛け人は長い箸でソーッと準備してきた布袋にとり込む。ニワトリはこの地方の常食です。収穫袋を持ち帰り、煮えたぎった大鍋の上でサッと開いて、ムカデはひとかたまりずつ湯気のうえからポタポタと振り落とされる。毒抜き、あく抜きと通訳されました。この熱湯でゆでる行為を三度くりかえす。あとは皿にもられて食膳に出る。シャコの要領で皮をむき、当地の醤油で食う。ご馳走だそうです。

ことのついでにもう一つ。

「観世音菩薩の土」とたたえて「泥」で一時の飢えをしのぐという人民の話です。この話は、アメリカのノーベル賞作家パール・バックの小説『大地』第一部のはじめに出てきます。小説は、中国の土地に生きた貧農・王龍《ワンロン》とその妻阿蘭《アーラン》、彼らの孫にいたる三代を描いたものですが、その第一部が凄い。ただでさえ赤貧《せきひん》の人民に、中国の天はしばしば日照りと洪水を見舞い、そのたびにひどい飢饉が襲う。地上のすべての生きものはやせ衰えて極限に達する。同じ中国でも金持ちやほかの土地では贅沢と満腹が存在しても、天災に見舞われた農奴たちは畑の泥を掘ってきてこれを水に溶かして呑む。これがひと時の飢えをしのぐ「観世音菩薩の土」なのです。時代は清朝《しんちょう》末期。救援物資などどこからもこなかった時代のおごそかな話です。パール・バックのお父さんがアメリカの駐中外交官でしたから、彼女は中国の大地と人々の営みをつぶさに見ていたのでしょう。「大地」に這いつくばって生きる農奴がいきいきと描かれています。「サソリ」の話から飛躍しましたが、中国の土は「観世音菩薩の土」で「塼」にもなりますが人間の胃袋も満たすのです。

「地の神」の原始信仰は今もいきています。

日本の「地鎮祭の詔《みことのり》」は地の神を鎮めるお祓《はら》いです。

いっぽう、中国の北方の草原に生きるモンゴル騎馬民族は「大地を掘り返す農耕は大地の神のたたりを受ける」と今でも信じているといいます。また、北アフリカ・チュニジアのキャビリー村では「陶芸は大地を犯す行為だから、子供を産む女にだけ許された神の行為」だと信じられていて男にはさせないし見せもしないという伝統に守られてきました。三十年くらい前まで、キャビリー村では陶芸は女のする神事でした。

人間だって死ねば、分子に分解されて、天と地の物質へ還元されるのですから「大地」におけるひと時の仮の姿に過ぎません。

二、塼塔《せんとう》を詠《よ》んだ詩

中国の塼塔建築っていったいどういうものですか。
——日本にはありません。表紙の写真と塼塔を詠んだ漢詩を見てください。

「塼塔」というのは「塔」ですから、日本の木造の「五重の塔」と同じですが、じつはやきものの「焼成レンガ（無釉の黄土、燻色、施釉）」でできているのです。「塼」とは中国特有のレンガのことです。

ですから、「塼塔建築」となると、中国特有のレンガでできた「宗教的塔建築」をさしています。

また、日本の古い都の奈良や京都には寺が多く、五重の塔の数が多いのとおなじで、中国の古い都だったところは北京や西安《シーアン》（長安）にかぎらず開封《かいほう》、南京、瀋陽《しんよう》などと、時代ごとに都の数が多いぶんだけ、塼塔の数も日本の五重の塔の数とは比較にならないほど多く、中国全土に広がって存在します。おそらく何千とあるでしょう。

また、塔の様式も、高殿のような「楼閣式塼塔」、びっしりレンガのつまった張り出し庇《ひさし》の「密檐《みつえん》式塼塔」、仏骨をいれる柱型の「単層塼塔」あるいは「塼塔刹《さつ》（墓）」、チベット仏教からきた「チベット式塼塔」とわかれています。

早速ですが、次にとりあげる漢詩は唐の長安の慈恩《じおん》寺の大雁塔《だいがんとう》の「楼閣式塼塔」を詠んだものです。「塼塔」のイメージを想像してみて下さい。左の漢詩の石印は西安で彫ってもらったものです。

漢詩の石印

題慈恩寺

十層突兀在虚空
四一門開面面風
却怪鳥飛平地上
自驚人語半天中
回梯暗踏如穿洞
絶頂初攀似出籠
落日鳳城佳気合
満城春樹雨朦朧

慈恩寺塔《じおんじとう》に題す　　唐　章八元

十層突兀《とっこつ》として虚空《こくう》に在《あ》り
四一の門開き面々の風
却《かえ》って怪しむ鳥の平地の上に飛ぶを
自《おのず》から驚く人の半天の中に語るを
回梯《かいてい》暗《ひそ》かに踏めば洞《どう》を穿《う》つが如《ごと》く
絶頂初めて攀《のぼ》れば籠《ろう》を出《い》ずるに似たり
落日の鳳城《ほうじょう》佳気《かき》合し
満城の春樹雨朦朧《しゅんじゅあめもうろう》

この漢詩は唐の詩人・章八元《しょうはちげん》が大雁塔を詠《よ》んだものですが、ここから「塼塔」の様子がわかります。

この詩を詠んだころのこの塼塔は十層ですから十階建で、ほぼ七〇㍍あったといいますから、現在の建物に換算すると十八階建です。兀《こつ》は高くそびえる意味で、突兀《とっこつ》といえば空中に

大雁塔を正面から見る

独り高くそびえ建っている様子です。

日本語の訳は、「四十の門は四方に開いた各階の扉のない窓から風が吹き抜けている。塔の上から見ると鳥が地面の下を飛び、下からは人の声が空中に聞こえる。塔の狭い回り階段をやっと登れば洞穴《ほらあな》をほりすすむ感じで、塔の尖《さき》に出たときは空に飛び出す鳥の気分に似ている。午過ぎの長安城は麗しく、春霞の樹々は朦朧としている」でしょうか。

唐時代から現在まで登攀《とうはん》をゆるされた観光名所の塼塔です。

唐時代の章八元はこの塼塔へ登ったのでしょう。同じように私も登ってきました。じつは、空海も、唐で恵果《けいか》から密教の権頂《ごんちょう》を受け日本へ帰国する直前に、詩人の杜甫と柳宋元と三人でこの塼塔に登って別れを惜しんだと、空海を描いた陳舜臣の小説『曼荼羅《まんだら》の人』に書かれています。

当時から名所だったのです。

また、井上靖と司馬遼太郎の対談集『西域《さいいき》をゆく』の「中国と朝鮮と日本の塔」では、中国は塼塔、朝鮮は石塔、日本は木造塔とそれぞれちがい、そして、特に、この慈恩寺のレンガの塼塔について、もともとはインドのストゥパだから仏舎利《ぶっしゃり》をいれるとか、仏典を保管するためのものだったなどと話しておられます。

私が訪ね歩いたほとんどの塼塔は塔の内側へは入れませんでしたが、まったく珍しいことに、千三百年まえからこの慈恩寺の大雁塔の狭い階段をたくさんの著名人が登ってきたのです。日本の木造の塔とちがって、塼の塔は頑丈なのです。また、中国の塼塔建築は、イタリアの塔の町、サン・ジミニャーノのレンガの塔とは一味違っています。宗教建築ですから宗教性がただよってきます。

日本の現代詩人、大岡信《まこと》が北京の天寧寺《てんねいじ》の「塼塔」を詠んだ詩も紹介しておきましょう。

ある塼塔

大岡信

どんなに大量の砂ぼこりが
この黒光りする塼のおもてを
幾百年　こすって　磨いて
傷つけて　きたことだろう

学僧の狂ほしく光る白いまなざし
青葉曳く城下の農婦の太い手脚
葡萄の美酒のうたげに踊る碧眼《へきがん》の美女
敗軍の将のぼろぼろな　鎧《よろい》　かぶと
色あざやかな刀の緒飾り

どんなに多くの人と物が
このそそりたつタイルのおもてを
幾百年　かすめていったことだろう

寺はすでに荒廃に帰し
塼塔のみ　悠久な時の罎《びん》の
澱《おり》となって夕映《ゆうば》えに立つ
こぼれ落ちるタイルのかけらは
時の一揺れ　そのひとしずく

金剛力士も　蓮華《れんげ》台座の三尊も
柱に刻んだ昇る龍　降る龍も
あだっぽい飛天の腰も
何ひとつ語らないで
語りえぬ無限の時を想像させる
少しずつ宇宙のほこりへ帰還している

この詩の最後の一節は、北京・天寧寺の楼閣式塼塔の基壇部分のことを詠んだものです。

左ページ　天寧寺塼塔の基壇

27　塼塔を詠んだ詩

では、「塼塔を詠んだ詩」のついでに、そもそも「塼塔」とはいかなるものか、ということを読者にイメージしてもらうために、かねて私どもが中国各地の「塼塔を訪ねる旅」で撮影した何枚かの、「塼塔」の写真を先に取り上げておきましょう。中国の北東の遼寧《りょうねい》省から五ヶ所と、東南の湖北省の武漢市、沙市市、当陽市、江蘇《こうそ》州の蘇州《そしゅう》市、四川省の重慶《じゅうけい》市から五ヶ所ほどひろってみます。写真は合計十一枚です。

まず、中国最後の清朝の皇帝たちが出た地、遼寧省から始めます。

省都瀋陽《しんよう》市の北西の新開河《しんかいが》の港湾街に、りりしく建つ塼塔（写真①）は「港湾舎利塔、無垢浄光《むくじょうこう》舎利佛塔」（八角十三層、三〇㍍、遼《りょう》時代〈一〇四四年〉の創建）というものです。ご覧のように近年修復されて小ざっぱりした姿で現在は公園の中にありますが、とくに二重の基壇と鋭い塔身と塔刹が見事なバランスです。

次の塼塔（写真②）は義県《ぎけん》市ののどかな田舎に建つ、これも遼時代の創建になりますが清代に再建された「嵩興寺《すうこうじ》双塔」（八角十三層）です。寺院伽藍は戦火ですでになく塼塔だけがもとの位置に二塔だけ残りました。

次は東北地方最古の古都、遼陽市（前二世紀末、漢族が東北を統治するために設けた襄平《じょうへい》市跡）の「白塔公園」の俗称をもつ「広祐《こうゆう》寺塼塔」（写真③、八角十三層、七一㍍、金時代〈一一六一―八九年〉創建）です。広祐寺とは明時代に栄えた寺の跡ですが、なにせ塼塔の高さが七一㍍ですから雄々しく聳《そび》え立っています。「遼」というのは「契丹《きったん》族・満州族」のことです。清朝の威信と風格を伝えています。

写真①

写真②

写真③

次は錦州市の「嘉《か》福《ふく》寺塼塔」（写真④、八角十三層、四二・五㍍、遼時代〈一〇二〇年〉建立）ですが、塔頂に法珠法輪がありません。この時にはまだ修復されていなかったのです。塔身基層のどの面にも仏像と脇侍仏《わきじぶつ》と飛天が刻まれています。また傷んでいるおかげで、基壇の塼や彫刻の様子や塼工事の有様がよく分かります。

遼寧省最後の「塼塔」は錦州市古塔区の大仏寺と呼ばれている「広済寺塼塔」（写真⑤）です。私たちが訪ねたときはご覧のように修復が開始されたばかりで丸太の建築足場が半分被り、塼塔全体が廃物のように雑草に覆われていました。しかし、境内にある修復用資材によって塼工事のいろいろのことを勉強しました。

ところで、漢詩からはじめた「塼塔建築」のイメージはいかがでしょう。いずれも仏教文化の遺産です。

次は湖北省と江蘇省と四川省の重慶から五つの塼塔をひろって見ます。

まず、洞庭湖の北を意味する湖北省の武漢市といえば黄河にならぶ長江と、昔からいくつもの人工湖をもつ水路交通の要衝で、しかも景勝地でもあります。中国北方地方には「塼」の塔が多いのに対し、南方には「木造」の塔が多く、それも木造の特徴を生かして跳ね上がる屋根の優美な建築が目立ちます。

まず、その武漢市の東山全山が「洪山《こうざん》、宝通禅寺」「興福寺塔」など寺がひしめくところで、その中に八角七層の楼閣式塼塔「洪山宝塔（霊済塔寺）」（写真⑥）があります。塔高四三㍍。元時代（一三〇七年）の建立ですが、清時代の一八六五年に改築しています。見

写真④

写真⑤

ればわかりますが、塔身の庇部分が暗褐色で、壁は特有の紅色、欄干に青緑色をほどこし、法輪塔刹が暗褐色でしかも建築が楼閣式ですからしばし眺めているだけで心を奪われてしまいます。

次もおなじ湖北省沙市市の南、長江の堤岸の塼塔「万寿宝塔」（写真⑦⑧）です。八角七層で塔高が四〇㍍。明時代の一五五二年の創建ですがこの塼塔は道教を信奉した十二代の嘉《か》靖帝《せいてい》が不老長寿を願い、万寿を祈願するために建造したというものです。嘉靖年間は天災人災が多く、万寿祈願の甲斐なく六十歳の一五六七年に没しました。この塼塔の仏像、とくに仏塼は一枚ずつ手で削られたユニークなものです。

もう一塔、当陽市の玉泉山の「玉泉寺」にある珍しくも鉄製の、北宋時代の一〇六一年建立したという「如来《にょらい》舎利鉄塔」（写真⑨、八角十三層、一八㍍）を入れます。細い鉄の塔身をやや傾くようにしてひょろひょろとムカデのように空にむけていますが、さすが「鉄」というべきか、千年間飄《ひょう》として建っているのです。

次は、江蘇省の「太湖《たいこ》」のほとり「水路の都」ともいわれた運河の蘇州市の塼塔「瑞光《ずいこう》塔」（写真⑩、八角七層、塔高四三・二㍍）を取り上げておきましょう。この塔はもと三国志の呉の英雄として名高い孫権《そんけん》が「舎利塔」として造営したのが前身のようですが、現在の塔は、かつて修復時に発見された礎石に北宋時代の一〇〇四年とあることから、このとき着工された「塼と木」の混用塔となっています。むろん修復を繰り返していますが、この時の写真でお分りのとおり特に楼閣式各層の庇部分の木部の破損が激しくヨレヨレでした。しかし「瑞

写真⑥

写真⑦⑧

光」の塔名のとおり、かつての可憐な姿が髣髴《ほうふつ》とされる塼塔で抒情詩を読むようでした。

最後は、四川省の重慶市の「静観鎮」（写真⑪）という楼閣の上にがっちり建造された四角三層の塼塔を入れましょう。この塼塔はこれまでの仏教塔と違って、塔頂の宝珠に怪面をあしらい、屋根の脊梁《せきりょう》とその先端を飾る獣身の隅飾りが各層とも重厚で、また塔身を覆う四角い壁には不均等な位置にそれぞれ異なる優雅な彩色壁画を施し、壁龕《へきがん》には馬上の武人が設置されています。各層の変額文字は不明ですが、「鎮」つまり軍団を駐屯させた要地「鎮台」を意味する「塼塔」です。

いかがでしょう。以上十一枚の写真から「塼塔建築」をイメージしていただけましたでしょうか。

それでは「塼塔」の「塼《せん》（チュアン）」のことに戻ることにします。

写真⑨

写真⑩

写真⑪

三、塼《せん》（チュアン）

では、「塼（チュアン）」とはいったいなんですか。
――ごく簡単にいうと焼きもののレンガと陶板のことです。

「塼」とは、先に述べましたとおり、焼きもののレンガと陶板のことを指すのですが、一目でこの字から、レンガと陶板を想像できるひとはいません。なぜこんなむずかしい字になったのか突き止めておきたいのですが。

まず「塼」の始まりは、考古学では紀元前の殷《いん》の時代ころには主にお墓などの玄室の壁や床につかわれていたとなっていますが、中国には「塼」の字の前に「土坏《どひ》」つまり土のもともとの姿の字があります。土と土偏は平地に土を盛った象形ですが、「坏」の右の「不」は、実が胚胎《はいたい》する象形で、左の土と合意して「まだ焼成しない柔らかい土」をさしています。また神社では「土」を円錐に盛って注連縄《しめなわ》をまわし神を祀りますが、この「社《やしろ》」（旧字は「社」）という字の「示」偏は、白木の供物の台の象形で「土を神に祀っている」姿です。つまり「土坏」という字は土以前の泥とか粘土を指したものでしょう。焼成《しょうせい》した「塼」でなくても、泥も粘土もレンガ状に切り揃えて天日に乾かせば固い「日干レンガ（塼）」ですから歴史上もっとも古い組積造建築の基礎材でした。「塼」と「土坏」の字の違いです。

またおなじ時代、「木骨造建築」といって自然木と小枝を組み、その間隙を泥で詰めた住居、石の板をじょじょに曲面にして丸く積んだ「石積み住居」、極地の寒冷地帯では氷をレンガ状に切り揃えて半球状に積み重ねた「トーチカ住居」がつくられました。手近にある材料で囲んで家をつくったのです。

さらに、人類が火を焚《た》くことを覚えてからは、火の回りの土が焼けて固くなることを知ります。イタリア語の「テラコッタ」は「テラ」が土、「コッタ」が焼くで、そのままで現在のテラコッタ建材を意味し、漢字の「塼」より明快に起源を指しています。

さて、漢字の「塼」はテラコッタの意味の「土坏《どひ》」より進化した象形がふくまれています。といいますのは、「塼」の右の「専」の字は、「叀」＝泥を布袋に入れた形と、「手」＝手でもっぱらたたき廻して絞り固める姿、に分かれるそうですから、左の「土」と合意して緻密で堅牢な土の固まりの意味になります。焼成の象形はありませんが、焼けば脆《もろ》くなる石や、火で溶ける鉄より強靭な「やきものの陶塊」になるという象形文字です。

ついでですが、漢字の「窯」という字の象形は「宀」が窯の外形、「穴」はアナでなく熱気を抜く煙道の形、「羔」は窯の棚組みと、下から火を焚く火の象形です。

実際、中国のやきものの窯はこういう形をしていました。

「塼」の象形

「窯」の象形

塼の成形、焼成の様子

35　塼（チュアン）

さて、「塼」の用途です。

秦の始皇帝の時代以降、中国の皇帝たちは北方の匈奴《きょうど》（異民族）から身を守るために、万里におよぶ長城のような砦をつくらねばなりませんでしたが、そのため、より硬い強靭な建材を求めたのです。

つまり「塼」だったのです。石のように硬い「磚《せん》」、瓦のように硬い「甎《せん》」を意味したのです。

塼・磚・甎と、字はそれぞれ偏が「土・石・瓦」と違いますが強靭な硬いものを指しています。ここでは、泥や粘土を焼いた「やきもの塼」のことをお話しいたしますので「塼」という字で統一しています。

しかも、人の手で作りやすく、焼いて運びやすいものが理想ですからサイズもおのずから石材より小さいヒューマンサイズで、この「塼」を、接着粘土（石灰に粘土と粥を混ぜたもの）でガッチリ組み上げた建造物自身も強靭そのものです。

秦の始皇帝が着手したという北方匈奴のための防御壁・万里の長城が不落の城砦だったことを考えてください。破砕しようとしても歯がたたず、爆破しようとしても部分的に砕けるだけです。部分的に壊れたところは部分的に入れ替えて簡単に補修できます。

この取り扱い易い、すぐれた「塼」は、中国だけでなく西アジア、なかでもペルシャのレンガ建築と酷似していてます。いや、ユーラシア大陸のいたるところで始原的な建造物の基礎材料として使われ、その後の四千年にわたって建築を支えてきました。そしてなお今日に

「塼」の象形

「甎」の象形

空芯画像塼

伝わっています。

さらに、建築用の「塼」の用途は「構造塼」と「装飾塼」に大別され、基本形状としてはこの双方に、空心塼《くうしんせん》（芯が空洞）・方塼《ほうせん》（四角形）・條塼《じょうせん》（長方形）の呼称《こしょう》がありますが、これはあくまで基本的形状のことで、現存する遺物をみると、無数の形とサイズが作られていました。統一規格のようなものはなかったでしょう。

塼の等級も、上等・中等・下等に分けられていますが、正確な寸法を求めて研磨したものを「細塼《さいせん》（磨き整える）」とか切り揃えることを「斫事《しゃくじ》（切る削る）」などと表現しています。特に、「装飾紋様塼」は陶の工芸として、「碑文塼」などは歴史資料として、それぞれ中国では骨董的美術価値が高いのです。

明・清時代の北京の紫禁城の大和殿《だいわでん》・中和殿《ちゅうわでん》・保和殿《ほうわでん》の床に敷く塼などは皇帝のものとして特別のものですが、この床塼は金五〇〇グラムの重量に匹敵するといわれ「金塼《きんせん》」と呼ばれていたと言います。この「金塼」のサイズは六〇×六〇×一〇センチ、重量は四〇キロあったでしょう。現在も紫禁城の三大殿の床で緑泥色のにぶい光をはなっています。

このとき聞いた話ですが、この「塼」の製造を指示したのは明の三代皇帝といいますから永楽帝《えいらくてい》です。彼は、築城にあたって石や金属より強靭なやきものの「敷き塼」を思い立ち、山東《さんとう》省徳州《とくしゅう》の粘土で、高温で百三十日間の焼成と、焼成後は桐の油に四十九日間浸けることを命じました。土や石を食う蟻に食い荒らされることを嫌って除虫剤として桐油の効能を利用したのです。桐のたんすや箱は虫が食わないと言います。また、桐油は粒子がこまかく浸

保和殿床塼の光沢

解体された塼の保存

透性にすぐれ、軽くサラッとしていて、したがって磨けばいつまでも光沢をだすことができます。また焼成後の検品もシビアで、姿、形、寸法、叩き音、破口《はこう》の密度、気泡の有無を検査しました。現在でもこの検査法です。ですから五百年たった今もこの床塼は磨かれてにぶい光を放っているのです。

建築の石や鉄は脆い。さすがに永楽帝は慧眼《けいがん》でした。

また、紫禁城内で、塔ではありませんが、天子である皇帝ひとりだけが行く、天と地を結んで帝国の状況報告と帝国の安寧《あんねい》を天に向かって祈念する、円形の「天壇《てんだん》(基壇が塼)」。清の乾隆帝《けんりゅうてい》が「祈年殿《きねんでん》」と改名し、光緒帝が修復したあの有名な藍色の「天壇」を建立したのもこの永楽帝です。

いや、紫禁城そのものの建設を始めたのが明代、一四〇六年、この永楽帝だったのです。

余談ですが、この時代から四百六十五年たった一八七一年(明治四年)のアメリカ、シカゴの大火災で、鉄骨・石張りの摩天楼建築群が倒壊したり、ひん曲がってしまいました。石はは ぜ、鉄は溶けました。火に弱かったのです。以降、アメリカ建築学会は高層建築の鉄骨をレンガとテラコッタで保護補強する工法を指示しています。

さて、日本では、はやくから漢字をはじめとして中国のあらゆる文化をおおいに受け入れましたが、「塼建築」は育ちませんでした。理由は、太平洋の東の洋上に浮かぶ島国で、地理的に雨の多い湿潤地帯のため湿気が多く、床下に風を通す高床式(写真・松江市大庭町・

神魂神社）の建築になり、雨をしのぐ屋根瓦と、樹木を活かした木造の建築になっていったためでしょう。いや、大陸と陸続きではない島国ですから激烈な他民族からの侵略がなかったからかもしれません。だとすれば、皮肉なことですが中国では「匈奴の恐怖」が厖大な塼生産の要因になったとはいえます。あとで、万里の長城の「塼」でお話しします。

では次に、やきものの「瓦」と「塼」の違いについて、写真を参考にしながらごく簡単な解説をしておきましょう。

松江市、神魂神社の高床式神殿

四、「瓦《かわら》」と「塼《せん》」

では「瓦」と「塼」は違いますか。

——違います。「瓦」は屋根。「塼」は床・壁の構造と、表面装飾の床・壁に用います。

「瓦」と「塼」は「建築のやきもの」という点では同類ですが、じつは大いに違います。

昔の宮殿（遼寧省瀋陽）の一角にある「塼建築」のディテール写真①‐⑥で説明します。

まず写真①の大屋根の「瓦」を見てください。この大屋根の瓦は「板瓦《いたがわら》（平瓦）」と「筒瓦《つつがわら》（丸瓦）」の本葺《ほんぶき》屋根です。

日頃、日本で見ている住宅の「甍《いらか》の波」という屋根瓦はじつは板瓦と筒瓦を兼用してしまった略式瓦です。が、日本でも寺院などでは今でも板瓦と筒瓦で葺《ふ》く本葺屋根が正統です。

また、軒先《のきさき》は「丸共《まるとも》瓦（瓦当《がとう》）」、水滴のように垂れ曲がったところは「平共《ひらとも》瓦（滴水《てきすい》）」です。

残念ながらこの写真には大屋根の棟瓦《むねがわら》と、棟の両先端を飾る「鴟尾《しび》（鬼瓦に相当）」は見えません。大屋根の左右の端を飾る垂脊《すいせき》部分が見えますが、これは瓦です。それ以外に見える壁と装飾はすべて「塼」でつくられています。日本ではこの垂脊部分はありません。が、もし、あるとすれば、日本では「瓦」で、瓦職の仕事の範囲になっています。

写真①

そして焼成ですが、「瓦」は低火度焼成、「塼」は高火度焼成です。焼成温度一二〇〇度を境にして、これ以上の温度を高火度焼成、以下を低火度焼成といいます。

「塼」の粘土は高火度で焼成されます。高火度で溶けやすくなる「長石《ちょうせき》や珪石《けいせき》」を原料にした「磁器質」とは違います。「陶器質」といって、高火度になるほどより強靭になる自然の堆積粘土層からとりだした「粘土」を原料にして高火度で焼成した堅牢なやきものです。

次は、正面から撮った写真②を見てください。青色部分は「瓦」で、軒下は全部「塼」です。鮮やかな青色は低火度の釉薬《ゆうやく》で焼成された証拠です。きれいですが、雨や空気の酸によりじょじょに退色します。

ところが、写真③④⑤⑥となると青色の「瑠璃《るり》瓦」とか「瑠璃塼」という表現をするためにどれが「瓦」でどれが「塼」なのかはっきりしません。焼成温度で分けることが不可能です。とくに宮城《きゅうじょう》内にある内裏殿《だいりでん》の屋根には二重になった棟に龍の「鴟尾」と「龍紋《りゅうもん》塼」と龍紋の「瓦当」が複雑に組み合わさって、それに加えて、垂脊の先端には「仙人瓦」に連《つ》れられた「走獣《そうじゅう》瓦」（挿絵）が龍・鳳《おおとり》・獅子・天馬・海馬《かいば》・狻猊《さんげい》・押魚《おしあゆ》・獬《かいち》・斗牛《とぎゅう》・行什《ぎょうじゅう》の順に十体並び、最後には青銅器のような「套獣《とうじゅう》（嘲風《ちょうふう》）瓦」が付き、おまけに軒下周りと柱にまで黄色と青色と緑色の、つまり皇帝にしか使えない「瑠璃塼」が降りています。

こうなると、どれが「瓦」でどれが「塼」なのか私にもさっぱりわかりません。この場合、「瓦」も「塼」もかなり高い温度で焼いたもので、技術的に優れた陶工の仕事であることは

写真②　本葺瓦と塼の装飾

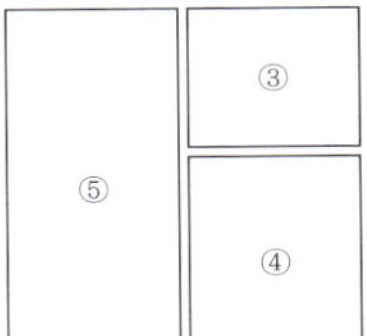
③
⑤
④

確かです。

絢爛《けんらん》たるものです。日本で言えば日光の東照宮。ヨーロッパでいえばバロック様式でしょうか。

最後に、床に用いる「敷瓦《しきがわら》」と「敷塼《しきせん》」の違いも述べておきます。

日本では奈良の法隆寺や、京都の南禅寺などの、中国様式の禅宗系の寺の床などに敷き詰められているやきものの「いぶし瓦」をよく見ますが、あれは「平瓦」といって屋根瓦と同一の「瓦」からの派生物で「塼」の代用品です。高温で焼きしまった中国式の「敷塼」の例としては、岐阜県瀬戸市の定光《じょうこう》寺のお堂の床に、焦げ茶釉《ゆう》に安南紋《あんなんもん》（ベトナム紋）を装飾したタイルがあり、これは「紋様塼」です。したがって日本には、中国建築を模倣しながら組積造建築の重力を担う「塼」がなかったことになります。

また「甃《しきがわら》（いしだたみ）」とか「甓《かわら》（しきがわら）」という瓦偏の難しい漢字をつかうことがありますが、これは外部に使用する、字から言えば「甎」に該当するものです。

また余談です。天秤棒式の「量り」の目方の単位になる公式の重量衡には、この瓦の「甎」が使用されました。「瓱《みりぐらむ》」「瓰《でしぐらむ》」「甅《せんちぐらむ》」「瓧《でかぐらむ》」「瓸《へくとぐらむ》」「瓩《きろぐらむ》」「瓲《とん》」など、みな瓦偏になっています。

以上が「瓦」と「塼」の違いです。ところで、日本は、明治時代になって欧米風建築時代を迎え、建築資材として「塼」と同じものですが、「レンガ、タイル、テラコッタ」を欧米から輸入することになります。

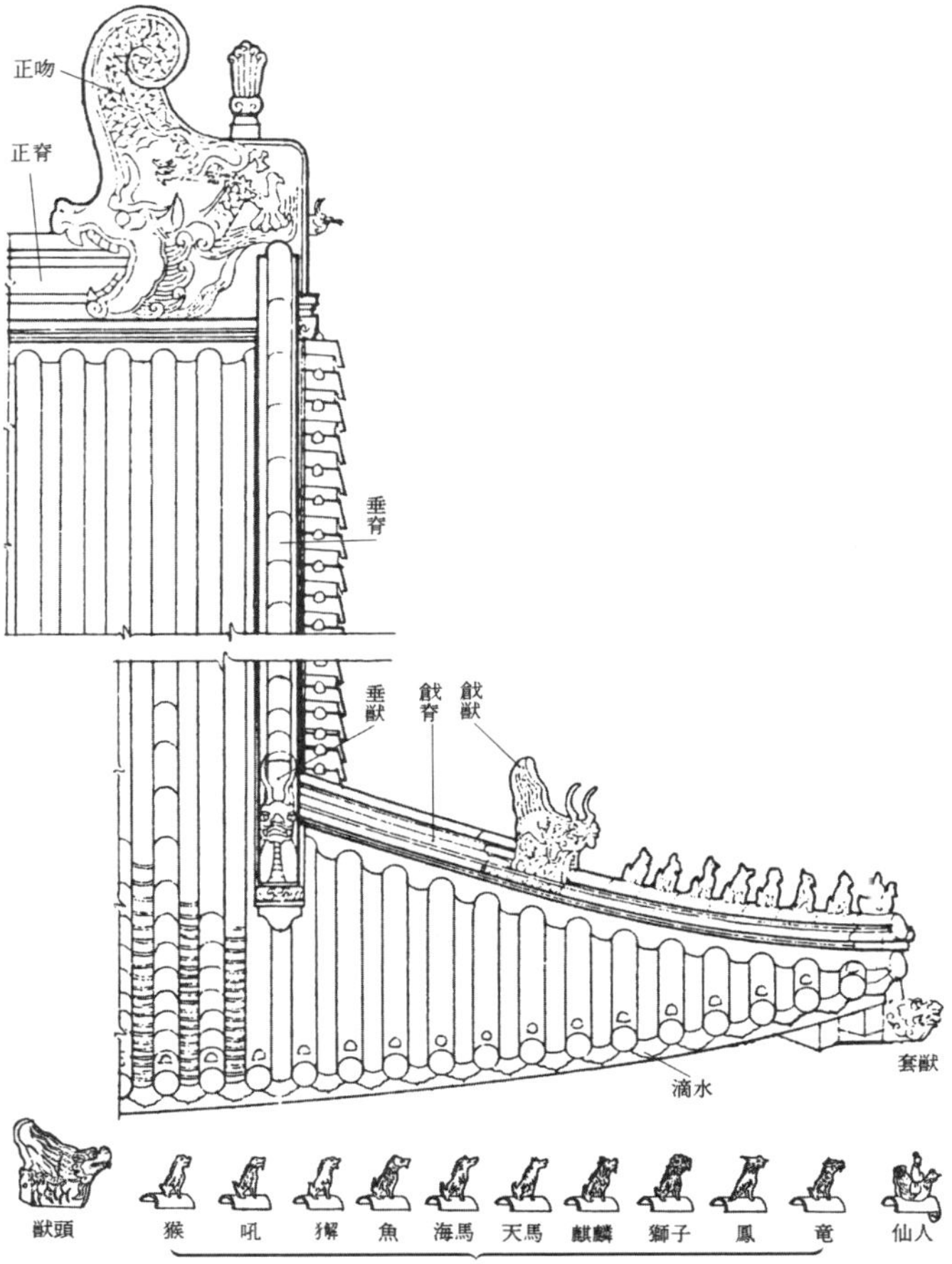

写真⑥

五、画像塼《がぞうせん》、碑文塼《ひぶんせん》

「画像塼」、「碑文塼」というのはなんですか。

——紋様《もんよう》を浮き彫りしたものが「画像塼」、墓誌を書いたものは「碑文塼」です。

写真①②を見てください。①は龍の線彫り「画像塼」の拓本。②は「碑文塼」の拓本です。

紀元前三世紀の秦の始皇帝が眠る稜墓・驪山稜《りざんりょう》は、陝西省《せんせい》西安《シーアン》から少し北西の、咸陽《かんよう》市の北東郊外にあります。一九七四年に発見され、世界をアッと驚かせた例の兵馬俑坑《へいばようこう》は咸陽市博物館になっています。一号坑の発掘の生々しい現場を見せるために、一部といっても広大なものですが、鉄骨の大屋根をかけ、内部には兵馬俑坑を見下ろせる位置に架橋して、桟橋の上から見学するようになっています。粘土で造って焼成した頑丈な二㍍近い武将像、射手像などの軍吏と軍馬が、整然と隊列を組んだまま掘り出され、その数六千体です。それが、坑全体を敷き詰めた「敷塼《しきせん》」の上の、もう一枚の「方塼《ほうせん》」の上に一体ずつ埋まっていたのですから、私もこれを初めて見たときはまったく唖然としました。秦の始皇帝は死んでからも死の世界の戦場で敵と戦う意思をはっきり持っていたのですね。現世も来世も超越して戦う皇帝だったといえます。日本の古墳時代（四—五世紀末）の円筒埴輪とくらべて下さい。数

写真① 画像塼

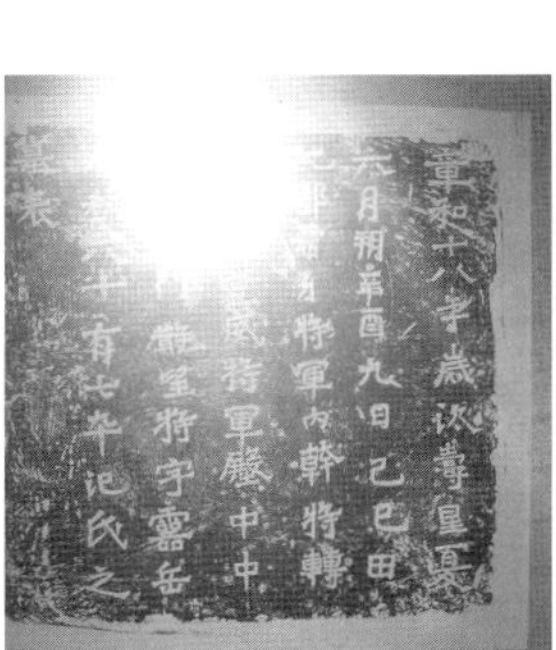

写真② 碑文塼

量も彫塑のできも比較になりません。日本はまだ弥生時代中期だったのです。

それにしても、当時この兵馬俑群を制作した秦時代の咸陽の陶工たちの作業現場はどんなものだったでしょう。咸陽市博物館が、近年、模型土人形で兵馬俑をつくっている陶工の様子を再現しました。五、六人が一組になって肩を組み歌に合わせて気合をいれ、足で粘土を揉んでいます。

私たち一行はこの咸陽市博物館の館長張旭《ちょうきょく》氏を訪ね、秦始皇兵馬俑博物館の、とくに「陶芸」についての出土品展示の説明をうけたのですが、とりわけ二号坑から出たという、かなり破損してるものの金彩の残っている、皇帝の天蓋付の縮小「銅馬車」を見て、しばし釘付けになりました。馭者《ぎょしゃ》の姿など今にも動きそうなのです。

話を「画像塼」に戻します。

写真①は、いま書いた陝西省咸陽市秦咸陽宮一号宮殿遺跡から出土した「龍紋《りゅうもん》空心塼」の鮮明な拓本です。貴重品ですから、館長の張旭氏が「秦咸陽宮龍紋空心塼拓片《たくへん》」と目の前で筆書きして館印を押してくださったものです。正規のサイズは三〇×七〇㌢という、芯が空洞になった大きな空心塼ですが、右端が欠損しています。拓本といっても博物館の重要文物に指定されたものは拓本を取るだけでも原型が傷みますから、出土直後に取ったごく数少ない枚数の一枚で、私の秘蔵品です。画像は浅い線刻です。二千三百年ほど前に龍を描いた陶工の筆勢が克明に写し取ってあります。拓本の良し悪しは筆勢と彫りの現物感が再現され

粘土をこねる陶工たち（土人形）

ているか否かにかかっています。これが「画像塼」というものです。

もう一枚の写真②は「碑文塼」の拓本です。

碑文は墓誌ですから石に刻むのが一般的ですが、塼に刻んだものもたくさんあります。これはショーケースの中のものを撮ったので見にくくて残念です。が、碑文の最後が「・・・墓表」になっていますから、どうもある将軍の墓から出た簡単な「碑文専」のようです。文字に注目してください。文字は焼く前の粘土のやわらかいうちに竹や木のヘラで切り取るように彫っています。漢字の力強い隷書体《れいしょたい》で、字画も筆法も現在のように記号化してしまった文字とちがって、字そのものが格調と活力に充ちています。これは漢代の「碑文塼」です。

「画像塼」は画像として、「碑文塼」は歴史資料として骨董価値が高いのです。

中国の「金石学《きんせきがく》」とは青銅器や石鼓《せっこ》に記された碑文の史料を読むことだと聞きましたので、私も北京の琉璃廠《ルリチャン》東街の古書店で、岳小琴《がくしょうきん》さんという昔の塼のコレクターの所蔵品の何百枚かの塼を、清時代の光緒《こうしょ》七年に陸心源《りくしんげん》という人が一枚一枚その記録を読んで再記述した、象牙の二つ爪の紺の布地の折箱に入った上下函《かん》二冊の書籍を買ってきました。

表題は『塼録《せんろく》 全函共二冊 岳小琴蔵 於秋好軒《しゅうこうけん》』、中表紙は『千甓亭専録《せんぺきていせんろく》』となっています。

最初に出ている塼は「漢建元磚《かんけんげんせん》」で、漢文は「長一尺四分厚一寸三分文日建元元年八月作凡七字一字一格下窗文案漢武帝晋康帝斎高帝北漢劉聰前秦符堅皆號建元此磚出烏程聰符堅竊據西北興南方遠不相及書法古拙如開通褒斜道碑非後漢以後人書當屬漢」と記されています。

北京で買った綴古籍『塼録』

日本訳は「長さ一尺四分 厚さ一寸三分 文は建元《けんげん》元年八月作。概して七文字からなる。一字が一枠で窓の形（枠で囲む）になっている。漢の武帝《ぶてい》、晋《しん》の康帝《こうてい》、斉《さい》の高帝《こうてい》、北漢劉聡《ほっかんりゅうそう》、前漢符堅《ぜんかんふけん》などはいずれも「建元」を年号としてつかったことがある。この磚は烏程《うてい》（南京近く）から出たものであるが、劉聡と符堅が西北に勢力を張っていたため、南方からは遠い。書法は古拙で、「開通褒斜道碑《かいつうほうやどうひ》」の文字によく似ている。したがって、後漢《こうかん》、あるいはその後の人たちの手によるものではなく、漢に属するものである」となります。

つまり、この「碑文塼」は「漢時代の塼」だ、などと、清時代の光緒七年に、陸心源という人が、収集家・岳小琴の集めた何百枚の「古塼」に解説をつけて書籍にまとめたもので、「碑文塼」は歴史資料でした。

こういう次第で、大昔から「塼」は古美術品の対象だったのです。石に彫る文字は字の縁が欠けて読めなくなりますが、その点、塼は堅牢で記録の保存に適していたのだと思います。

別種の秦時代の画像塼の部分

六、仏塼《ぶっせん》

では「仏塼」というのも仏像を彫ったものですね。

――はい。仏像を浮き彫りにした「塼」で、壁龕《へきがん》（ニッチ）に安置しました。

「塼」に仏像が描かれていても「画像塼」ですが、ここでは特に「仏像」を浮き彫りにした「塼」のことを指すことにします。

「仏塼」（写真）の多くのものは、民衆レベルへ仏教が浸透するとき信仰の対象物として普及していったものです。写真のものはインドのブッダガヤで手にいれたものですが、ごく簡素なものです。

したがって非常にたくさんの種類があります。簡素なものは台座の上に一体の仏像を浮き彫りしたもの、少し念のいったものとしては仏に光背《こうはい》と台座がありますし、本尊の左右に脇侍《きょうじ》二菩薩を浮き彫りにしたものもあります。なにせ、仏像を彫った「メスの型」に粘土を押し付け、抜いて乾燥、焼成したものですから簡単です。また、銅や真鍮を鋳型から抜いた可愛らしい金属仏もおなじ目的で数多くつくられた時代です。仏塼は「やきもの」ですから大きなものはありません。もし、これが小さな「木造仏」なら厨子《ずし》に納めて旅のときも持ち

粘土を型押しした仏塼

歩いたもので、日本でも古くから普及したので仏教美術をあつかう骨董商でよくみかけます。日本でも仏教がもたらされた白鳳時代にはかなりあったようですが、その後は普及しませんでした。

かねて、私も二三センチほどの方塼《ほうせん》を浅い球形にえぐって中央に仏像を台座の上に安置したニッチ風の仏塼をつくってみました。あとに説明する開封市の「繁塔」の「仏塼」の模倣です。仏塼の原型は京都の仏師に依頼し、土の調合や色合い焼成を陶芸家が担当したもので、仏教的匂いのするものになっています。

すでにお分かりのとおり、「塼塔」というのは仏教建築のことですから、このあたりで、中国が仏教を受け入れた経緯に触れておかなければなりません。

中国の「塼」そのものは紀元前からありますが、「仏塼」ということになると仏教を受け入れたほぼ魏《ぎ》時代（二二〇—二八〇年）以降のものになります。だから、それ以前の秦や漢時代の「画像塼」には、王や宮殿の様子を描いたものはありますが、仏像は描かれていないのが普通です。

さて、インドのサンスクリット語のブッダの漢音訳が「仏陀《ぶっだ》」で、ブッダとは「釈迦牟尼《しゃかむに》」、「釈尊」のことです。日本ではこの漢語訳の「仏陀」がそのまま使われるようになりました。

インドの釈尊は、遥か昔の紀元前五—六世紀の人で、インドとネパールの国境の近くに生まれた王子ゴータマ・シッダールタです。仏教の開祖でしたが、入滅後、インドでさえその教えがたちまち普及したわけではありません。しばらくは忘却状態がつづきますが、インドでこの釈尊の教えを仏典集にまとめて保護し、自国のインドに布教しようと努めたのが、釈尊入滅後、二―三百年経ってから、前三世紀にインドを統一したやはり王族だったアショーカ王です。この仏教再興の力がなければ仏教は存在しなかったかもしれません。しかし、アショーカ王をもってする再興の王の勢力でさえ敵対勢力のために何度も挫折しています。さらに、紀元後の二世紀にもカニシカ王（古代インド、クシャン朝国王）によって再び仏教が強力に保護される時代があります。

いずれにしても、インドでは、ヒンズー教（前四世紀、ブラフマン・ビシュヌ・シヴァを三主神とするバラモン教から発展した）や、ジャイナ教（前六世紀、開祖マハビーラ）や、ゾロアスター教（聖火を儀礼する拝火教《はいかきょう》、古代ペルシャのゾロアスターが創唱）などの方が、強い勢力だったのでしょうか。三主神のシヴァ神をいただくヒンズー教の勢力は圧倒的です。しかし、その後、生者必滅《しょうじゃひつめつ》をとく釈迦の仏教はインドだけでなく北方の中央アジア周辺の国々へ受け入れられていきました。はるか紀元前のことです。

中国に仏教が広く経典とともに普及するのは、紀元後の六世紀後半だったのです。

とくに、唐時代の玄奘三蔵《げんじょうさんぞう》（六〇三―六六四年）が十六年の歳月をかけて釈尊の教えを現地のインドで学び、そのサンスクリット語の経典を六四五年に長安へ持ち帰り、新しく翻訳してからが中国における仏教の高潮期で、儒教、道教とならんで仏教が盛んになっていきました。しかし、すでに四世紀後半、東晋時代の僧、法顕《ほっけん》（生没年不明）や、中央アジアから来た鳩摩羅什《くまらじゅう》（三四四―四一三年）という翻訳僧と多くの学僧たちによって仏教は中国に入っていたのです。ですから、六世紀末から七世紀前半の日本の飛鳥時代の仏教は、玄奘のサンスクリットからの漢訳でなく、法顕や鳩摩羅什らのペルシャ語からの漢訳によってもたらされた仏教学であったかもしれません。

また、中国の仏教遺跡として有名な山西《さんせい》省大同《だいどう》市の、断崖の長さ一キロにおよぶという岩壁を彫った北魏の「雲崗石窟寺院《うんこうせっくつじいん》」の何千体もの石の仏像群は五世紀から六世紀につくられています。時代が矛盾しますが、中国では、すでにこの時期に仏教を狂信的に受けいれていたことも事実です。

「仏教は西から来た」、漠然とした言葉ですが仏教の迂回経路を示しています。

私事ですが、私は、多分「北魏の時代」のものだろうという古拙な「仏頭」を持っていますが、頭蓋全体が奥行きをもち顔が面長《おもなが》で鼻梁が高く髪を束ねた髻《もとどり》が古風で、まさしく西方から来た仏頭の感じです。もしそうだとすると、五世紀中期のものです。たしかに漢民族の骨相ではありません。西方の民族の骨相です。日本の「能面」でも彫った人に似るといいますから、それを考えると、私の仏頭も西域の人が彫ったものになります。

では「雲崗石窟寺院」や「莫高窟《ばっこうくつ》」の仏たちを彫ったのは一体だれかという疑問です。

石の仏塔

また、「仏教仏」はいったいどういう人達によっていつ中国でつくられ出したのでしょうか。これは、仏教の考古学の話題で私にもよく分かりませんが、仏教の経典から礼拝の対象にする「仏」の姿をだれの眼にもわかる肉身像にしていくのですから、これは「大ごと」でした。俗身像ではなく、聖像に見えるためにかなりの期間が必要だったでしょう。

ともかく「石仏」だけでなく「塑像仏」や「仏塼」など、中央アジア・新疆《しんきょう》ウイグル自治区の「敦煌」や「莫高窟」あたりから出土した未完成でエキゾチックな「仏像」がたくさんあります。また、洞窟のなかに描かれた仏壁画はペルシャの王族の風俗や美人画まであり、中国や日本の仏画とはかなり違います。

いったい仏教は、インドから北方の中央アジアや西方アジアや、それに海を渡って南方へどれくらいの範囲で広がっていったのでしょう。カンボジア（アンコール）、タイ（アユタヤ）だけでなく、インドネシアのボロブドゥールまでおよんでいきます。

しかし、そのことは後にして、ここでは「中国の塼塔建築」にかかわる「仏塼」の話ですから、唐時代以後に中国で作られた「仏塼」と「仏龕」を見てみます。日本では平安・鎌倉時代に該当します。

アップで撮った部分写真①②③を見てください。塼塔については後に説明しますが、まず「仏塼」です。

①は北京市郊外の広安門《こうあんもん》（十二世紀初頭の遼《りょう》時代の中心地南京）の「天寧《てんねい》寺塼塔」、②は河南《かなん》省開封《かいふう》市（十一世紀初頭の北宋《ほくそう》時代）の「祐国《ゆうこく》寺塼塔（俗称・鉄塔）」、③これも開封市の「国相《こくそう》寺」（十世紀後半の北宋時代）の「繁塔《はんとう》」という塼塔です。馴染《なじみ》やすい姿の仏たちです。しかし、ものすごい数量の仏塼で塔の外だけでなく内側まで張りめぐらされています。

余談ですが、唯一神として偶像崇拝を許さなかったイスラム教のアッラーの神の像は世界中どこを探しても存在しませんが、仏教やキリスト教では、仏や神の偶像を制作することができました。

粘土でつくった「仏塼」はそのひとつで、中国仏教が高潮した時代を映しています。

次は、中国の「塼」と、西洋の「タイル、レンガ、テラコッタ」をくらべてみます。

①

②

③

第二章　「塼」のひろがり

七、タイル、レンガ、テラコッタ

中国の「塼」は、西洋の「タイル、レンガ、テラコッタ」のことですね。
——そのとおりです。ですがその前に西方《せいほう》アジアのことをみておきます。

ヨーロッパの「タイル、レンガ、テラコッタ」（中国ではひっくるめて塼）を考える前に、まず西域・西方アジアで、土や粘土でこしらえた一般に言う「レンガ」という建築資材のはじまりを見ておかなければなりません。

まず右ページの写真を見てください。

これは、紀元前の古い「日干レンガ」です。イスタンブールのトルコ考古学博物館にあります。まるで砂岩です。文字は読めませんが石でない証拠に押印があり、その押印も一緒に出土したのです。印のほうがやや大きいのは粘土の段階で押しているので乾燥によりレンガのほうが縮んだのです。確か刻印は「〇〇王宮用」という文字だったと記憶しています。

写真①は、「彩釉《さいゆう》レンガ」で、ルーブル美術館にあります。紀元前四世紀のイラン西南部の古代都市・アケメネス朝ペルシャ・スーサーの王城遺跡から出土したものです。

写真②も、おなじスーサーの王城遺跡から出土した「彩釉レンガ」を積み上げた「射手の

写真①

行列」の隊列の一人の戦士のレリーフです。王城の戦闘力を誇示したものです。また、遠く西へ隔たったエジプト・サッカラ遺跡の王宮の地下室の壁からもほとんどおなじ「彩釉レンガ」が出土しています。

写真③は、中国のタクラマカン砂漠の西方に位置するウズベキスタンの首都サマルカンドのイスラム教のモスクです。モスクの屋根と崩れたレンガを見てください。屋根は瓦でなく「彩釉テラコッタ」です。イスラム教のモスクですから屋根の様式は異なりますが「塼」です。いうまでもなく、ユーラシア大陸の大半を占める西域・西方アジアの建築はほとんどが「タイル、レンガ、テラコッタ」で造営されていました。内部の装飾も砂岩、ストッコウ、テラコッタに彩色したものが主体です。

さらに、「レンガ」と「塼」が同じだというだけでなく、先にお話ししました中国の「仏塼」に具体例をとりますが、仏の座り方に「坐法《ざほう》（吉祥坐《きっしょうざ》、結跏趺坐《けっかふざ》、半跏趺坐《はんかふざ》、垂足坐《すいそくざ》、遊戯《ゆうぎ》坐《ざ》、半跏思惟坐《はんかしいざ》、輪王坐《りんおうざ》）」というのがあり、はるか西方のウズベキスタンの遺跡から出土したテラコッタやストッコウや壁画に表現されている仏像の座り方まで、中国の仏像の坐法と瓜二つなのです。つまり、衆知のことではありますが、仏教という観点から見ると「中国」も「西域」も、大本は「インド仏教」から影響を受けているのです。

西域・西方アジアの「タイル、レンガ、テラコッタ」を、中国では「塼」と発音しました。

では、こんどは、「西域・西方アジアのレンガ建築」と、「ヨーロッパのレンガ建築」はお

③ ②

なじでしょうか。

少し違うと思うのです。レンガの積み方が似ていても、建築自体の形態と意匠が異なるからです。

ヨーロッパの建築は、紀元前八、九世紀のギリシャ・ローマ建築を源流としていますが、しかしそれより以前に、紀元前三千年という時代、ヨーロッパと地理的に近い「エジプトの石の建築」、それにチグリス・ユーフラテス両河の間に堆積した粘土を利用して「日干レンガ」で都市をつくり始めた「メソポタミアの泥（レンガ）の建築」の時代がありますから、このもっとも古い時代の二つの源流も複雑に影響しています。強いていうなら世界中どこでも大地から手近に掘り出した「泥」を焼いて造った「レンガ建築」が基本で、その後、山から「石」を切り出す技術が進み、レンガと石を併用する「石造建築」が一般化したのでしょう。したがって、砂漠で石がなかった西域・西方アジアのレンガ主体の建築と、ヨーロッパ建築とは少し違います。

もっとも「建築」といえるものは王の城塞や宮殿が主たるもので、庶民は手近にある泥をこねて積み上げて囲い、ときには木の梁をわたしそれに葦などの屋根をかぶせて囲った程度の家に住んでいたでしょう。

ですから「レンガ建築」の「城塞・宮殿」などでは基礎の「水平」を出すのさえそう簡単ではなかったのです。

まず、地面に坑道を掘り、ごろ石や土砂粘土で基礎を固めたあと、石に溝を穿《うが》ってその石を基礎の上に正確に敷き並べ、その溝へ水を注ぎ、水の水面が示す水平線に印しをつけ、印しに沿って余分の石をはつり取り、まったく「水平」な石の平面基礎を獲得しておいてからその上に基盤になるレンガを積んだと、また、「垂直」は所定の高さから錘のある「下げ振り」を降ろして正確な垂直を測定したということです。高い技術です。

「レンガ」は、手近にある小高い丘のような地層や川床から採取してきた泥をこねて天日で固めるか、焼き固めてつくる建築の基礎材および構造材であり、かつ、意匠（彫刻・彩色）をほどこした「テラコッタ」のような装飾材ですから、砂漠のオアシスに建設した西域・西方アジアの建築はおおむねそういう「タイル、レンガ、テラコッタ」を主体的に使った「レンガ建築様式」になっていきました。

一方、十一世紀ころのロマネスク建築に見られるように、ヨーロッパ建築では「タイル、レンガ、テラコッタ」も用いながら、石を近くの山から切り出すことが比較的簡単な時代になっていたので、石に彫刻をほどこしてレンガの表層を加飾する「石造建築様式」になっていきました。

エジプトのピラミッドやギリシャの神殿は、石だけを積んだ石造建築ですが、これらはむしろ特例です。

くりかえしますが、ヨーロッパのいかなる都市建築もすべて基礎は「レンガ」でできていました。

さて、釉薬《ゆうやく》のあるなしにかかわらず「タイル」とは、中国の「塼」の範ちゅうでいえば、ただ平たい「方塼・條塼」に該当しますので特別の説明を要しませんが、「テラコッタ」となると「タイル」よりさらに大きい陶板という意味以外に、スーサーの王城遺跡から出土した「射手の行列の戦士」、ウズベキスタンの首都サマルカンドの「イスラム教のモスク建築」の屋根の写真などで見ましたとおり、彫刻的な装飾（彩色）がほどこされているものを想像します。そのとおりで「テラコッタ」とは、彫刻的な模様を浮き彫りにして彩色した大型の「陶板」をさします。

近年テレビなどで、イラクの首都バクダッドの戦火のなかの金色の屋根をもつ「モスク」や、聖地エルサレムの「嘆きの壁」を見ますが、それと一緒に背の高い「ミナレット（尖塔）」が映ることがあります。これもレンガのイスラム建築の塔ですが、このミナレットというのは一日五回の礼拝がはじまることをその都度、市民に呼びかける「呼び込みの塔」で、これ自体に宗教性はありません。

なんといってもイスラム教のモスク建築で重要なのは、外部も内部も荘厳華麗に彩られた「アラベスクの彩色タイル」と、聖典コーランを浮き彫りにした「アラビア文字彩色テラコッタ」です。また、イスラム教のモスク建築はすべて聖地・メッカの方角に向けて建てられていて、そのモスクの正面中央に「ミヒラブ（壁龕《へきがん》）」という祭壇《ニッチ》があり、アラーの神を讃える聖文《せいもん》が、右から左へアラビア文字の筆記体で書かれています。

先にも述べたとおりアラーの神は唯一神ですから偶像は存在しません。

北京の紫禁城内の故宮博物院にある著名な九頭のうねる龍を浮き彫りにした「九龍壁《きゅうりゅうへき》」（写真）は「装飾テラコッタ」つまり「装飾塼」の代表的なもので、龍の姿が彫刻してあるばかりでなく、龍の首も頭も顔も髯まで壁から跳ね出るようにつくられていて見事です。昔の陶工は粘土で彫刻のできる「彫塑家」だったのです。秦の兵馬俑坑《へいばようこう》の兵馬を彫塑したのも陶工だったことは先に記しました。

上下とも北京、紫禁城の「九龍壁」

① 礼拝所

② 洗礼盤

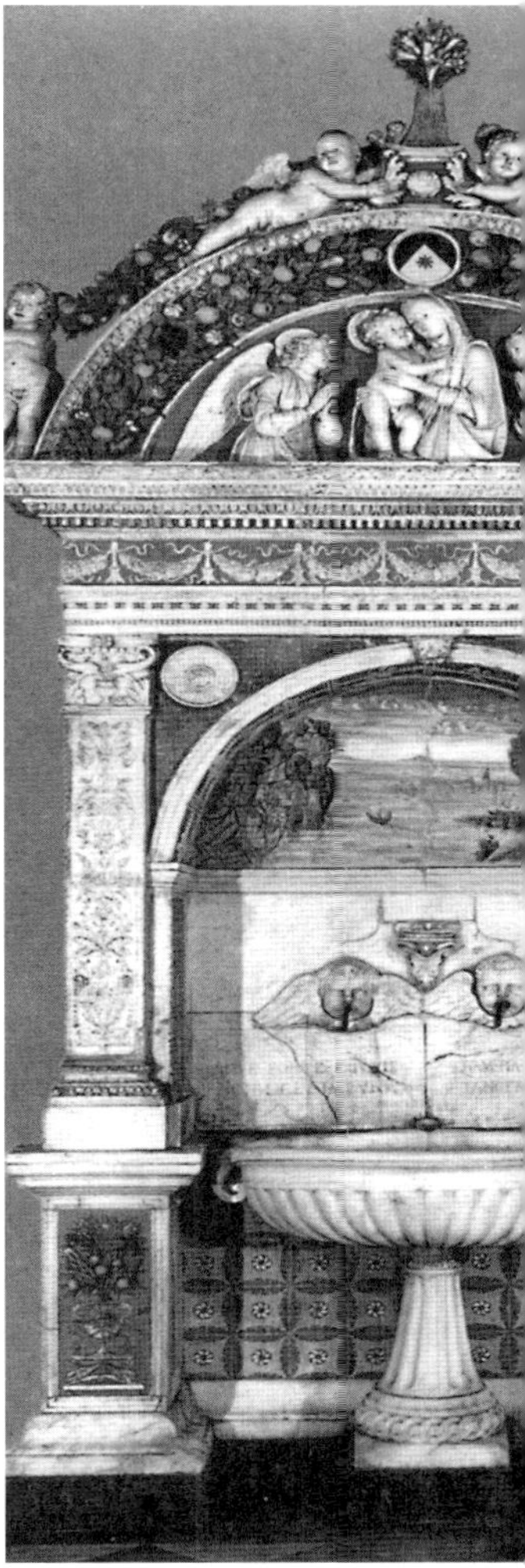

これは、ヨーロッパでもおなじでした。大理石の彫刻と、粘土を彫塑する彫刻と、ガラス・大理石モザイクで宗教壁画を描いたイタリア・ベネツィアの「サン・マルコ大聖堂」（十一世紀再建）のような「ビザンチン建築」です。

ヨーロッパで、とくに「テラコッタの父」とたたえられている人がいます。中世イタリア・フィレンツェの陶工ルカ・デラ・ロビアとその息子、ジョバンニ・デラ・ロビア親子で、イギリスのビクトリア&アルバート装飾博物館に作品が数多く収蔵されていますが、ここではフィレンツェに残る作品二点（写真①②）を見ておきましょう。

①は教会のなかに安置された「礼拝所」。②は礼拝に際して手をすすぐ「洗礼盤」です。ここでは白大理石と、「彩色テラコッタ」（マジョリカ陶器）の併用で装飾しています。

また、ヨーロッパの九―十二世紀末はレンガと石の「ロマネスク建築」時代で、イタリア・ムラーノ島の「サンタ・マリア・エ・ドナート聖堂」や、ヨーロッパのあちらこちらにレンガの「城郭」が築かれます。次に、建築が美麗になるフランス・パリの「ノートルダム大聖堂」

や、イギリスのシャルトル市の「シャルトル大聖堂」のような「ゴシック建築」の時代。そして「ルネッサンス建築」時代、「バロック建築」時代へと続きます。やがて十五世紀末になると、アジア大陸のシルクロードが廃《すた》れ、スペイン・ポルトガルなどによる海の大航海時代（十五―十七世紀）の幕開けとともにヨーロッパ主導の時代が始まり、貿易で豊かになったヨーロッパの都市と、植民地には「レンガ、テラコッタ、石」で造った、メキシコの「メキシコシティ大聖堂」のような「コロニアル建築」という折衷主義建築が出現しました。そして建築はその後、近代へ移っていくのですが、「レンガ建築」で特筆すべきことは、ヨーロッパからアメリカへ新天地をもとめて移住した人々の手で、十九世紀から「タイル、レンガ、テラコッタ」がニューヨークやシカゴで「摩天楼のテラコッタ建築」時代を建設することでしょう。

　ちなみにアメリカで、「アメリカン・テラコッタの父」と讃えられるのはイギリスからやってきた技師ジェームス・テイラーという人です。今もアメリカ建築史にその名をとどめています。

　日本で「タイル、レンガ、テラコッタ建築」が始まるのは明治時代（十九世紀末）になってからです。

　次はインドを見てみましょう。

ニューヨークのテラコッタ建築

左ページ　アメリカのテラコッタ製装飾部材

八、インドの仏教遺跡

では、大本《おおもと》のインドの仏教遺跡についてはどうですか。
――西インドの「仏教石窟寺院」や「カジュラホ寺院」など目が裂けるほど壮観です。

さすがにもの凄いものです。しかも、はるか紀元前から始まります。

とくに、インドの石窟寺院というのは、自然の山にできた洞窟の中に仏たちを彫ったり描いたりしたというものだけでなく、山の崖を横彫りして仏を彫りだした中国の「雲崗石窟寺院」とか、アフガニスタンの「バーミアン石窟寺院」のようなものから、たとえば、南インドのタミル・ナードゥ州、カルグマライの「ヴェーットゥヴァンコーイル寺」、同じ州のマーマラプラムの「トリムールティ窟」のように、平地から突き出た一つの岩山から、まるごと寺院の伽藍とおなじように、屋根、柱、壁、天井、そしてその内部空間へは何千体とも知れぬ仏像を彫り出し、さらに柱、壁、天井にも浮き彫り壁画を彫り、彩色をほどこし、金箔で化粧したという、つまり自然信仰をベースにした「岩石」（写真）から伽藍ごとそっくり彫り出した、いわば「開削《かいさく》石窟建築」（写真）があることです。ここにはアラビア海側のインドのムンバイ（ボンベイ）市の東にあるマハーラーシュトラ州の「アジャンター石窟寺院」

チルチラパリシッタナバサル石窟（巨石の開削寺院）精霊が宿るという巨大岩石

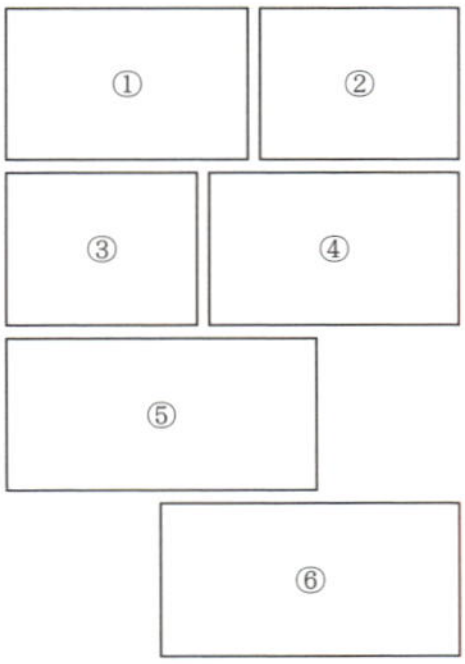
①
②
③
④
⑤
⑥

と「エローラ石窟寺院」の写真も入れておきましょう。なにしろ中国の石窟寺院のお手本になったものですからさすがに驚きです。

岩の祠には瞑想する仙人が棲むとされ、巨大な岩石には精霊が宿っていると信じられていますから、岩から寺院を彫りだし、修行場所にしたのです。いや、寺院伽藍を開削すること、仏を彫ることそれ自体が幾世代にもおよぶ修行であり信仰だったかもしれません。インドには「仏教窟」、「ヒンドゥー教窟」、「ジャイナ教窟」があり、紀元前三世紀から紀元後十一世紀まで継続的に開削されたのです。インドの石窟寺院は、西インド地方に大半が集中しますが、およそ千二百寺あるといいます。さすがに、宗教建築、宗教芸術の発祥の地といえるでしょう。一本の木から彫り出す木造仏でさえ大変だというのに、現代の私たちには想像も及びません。

解説者の説明をみると、まず、「石窟寺院」を開削するには、地面から突起した堅い岩盤に恵まれていること。その岩盤から伽藍ごと彫って削りだすのですから近くに長期に人が住めて仕事ができる環境があること。構想図はあっても石を彫刻して積み重ねる力学的な工夫も手間も不要です。また雨季のドシャ降りにも、夏の灼熱の日照りも石の洞穴《ほらあな》は平気で良好な作業環境であり、かつ、完成後も風雨にさらされるという悪条件もなく、保存性が極めて高いという条件に恵まれていること。それから、造営のための経費のことですが、記録によると、それぞれ石窟寺院には造営の費用を負担した人々の名が刻まれているそうですが、そこにはインド人だけでなく、海を渡ってインドと交易した外来人の名がたくさん刻まれていたそう

写真① マーマラプラム開削石窟寺院（タミル・ナードゥ州）
写真② マーマラプラム、ドラウパディーの祠とヴァラーハ・マンタバ寺院
写真③ アジャンター石窟寺院の内部壁画（マハーラーシュトラ州）
写真④ アジャンター石窟寺院
写真⑤ アジャンター石窟寺院の仏像と壁画
写真⑥ エローラ石窟寺院第十六窟、カイラーサナー寺院（西北側）、玄武岩を開削した石窟寺院（マハーラーシュトラ州）

です。さすがにインドは宗教の国でした。

日夜「金がほしい」という現代人のような願望ではなく、仏の功徳にあやかろうとする「喜捨」のつよい気持ちが、昔のインドの人々の願望だったのでしょうか。ただし、インドでは現在も、「施しを受ける」人は、「施す人」へ宗教的喜捨の機会を与えたことになるらしく、私もインドで二度、半ば強制的に「喜捨」をさせられた経験があります。「騙された」と思ったのです。なぜなら五十ドルの買い物で、百ドル紙幣で支払ったのですが、半額ものつり銭を返さず、手を合わせて拝んで立ち去ってしまうのですから、習慣とはいえこれには呆気に取られてしまいました。私はお布施のできる名誉ある「施す人」の側だったのです。

大きく蛇行するマンジラ川にそって、蛇行する川が自然に削りとった山崖を横彫りして造営したムンバイ市の東にあるインド・マハーラーシュトラ州のあの有名な「アジャンター石窟群」「エローラ石窟群」も、紀元前一世紀から紀元後の六世紀にかけて掘削された大伽藍群ですが、七百年もの間、濃密な岩窟寺院を彫りつづけたインドの仏教信仰は言語を絶していました。しかしこういう仏教的激震地が存在したおかげで、その余波として遠い日本ですら、「仏教」は、昔も今も絶えることなく脈々と継続しているのかもしれません。

また、官能的な性愛をたたえる彫刻群で知られるマディヤ・ブランデーシュ州の「カジュラホの石塔寺院」ですが、これは今から百七十年前の一八三八年に発見されたもので、圧巻です（写真①）。

インド赤砂岩に、紐《ひも》ていどの薄い腰裳《こしも》に胸飾りなどをまとっただけの豊満な裸の男女神が、異様な姿で生殖《せいしょく》する行為まで描きながら、累々と石塔寺院を埋め尽くしています。十一世紀に造営されたものです。私は午後の赤い太陽の陽《ひ》の中で見て回ったのですが、官能的な女神の肢体《したい》や交合する男女神のリアルな姿態はおろか、何十塔と建つどの石塔寺院の外壁も内壁にも重なるようにギッシリ埋め尽くしたあからさまに豊艶《ほうえん》な腰つきの何千体ともしれぬ神々の彫刻群にめまいを覚え、日常の意識が遠のくのを感じました。千年も前の時代なのに「なんということをやってのけたのか」と、生と性愛の歓喜を彫りつくしたおびただしい神々に酔ったのです。インドはなぜこうもあからさまで開放的なのでしょうか。曲解すれば淫逸に

写真上　カジュラホ寺院群の最高峰「カンダリヤマハディーヴァ寺院」の石彫の一部、交合の彫刻
写真下　カンダリヤマハディーヴァ寺院の全景

ふけっているように見えるでしょう。平安時代に、空海が唐へ渡り、唐からもたらしながら公開をはばまれたという、性愛を説いた密教仏典「理趣経《りしゅきょう》」のこれが精髄だったかもしれません。現に日本でも確か「立川密教」はこれを曲解し風紀の乱れを招いたと司馬遼太郎の小説『空海の風景』にあります。

最後にもう二か所、スリランカに近いインド洋に突き出た、先とおなじ南インドのタミル・ナードゥ州にある、十七世紀中葉のナーヤカ時代に建立された「ミーナークシー寺院」の、花崗岩とレンガとストッコウで構築された「ゴープラム」（高さ四五㍍の仏塔で、いわば「楼門塔」です）、もう一つは、同じ州のシュリーランガムにある「ランガナータ寺院群」と、その「ゴープラム」です。

この二つも言語を絶する稠密壮麗な塔です（写真）。

日本で一番高い五重の塔は京都の密教ゆかりの「東寺」の塔ですが相輪《そうりん》までふくめると五五㍍あります。ほぼこれに匹敵する高さが「ミーナークシー寺院」の楼門塔「ゴープラム」です。複雑な長方形四角錐の建物で、東西南北に四門あります。そのてっぺんはアーチ型の「レンガ」で葺《ふ》かれ、その上に十本の宝塔と、左右の両端にはいかめしく羽ばたいたかたちの大きな鴟尾《しび》が載っていますが、なんといっても壮麗なのは四五㍍の塔の東西南北の四面を覆う神仏像の群生です。

主尊シヴァ神と、海神と武神に守護されその妻神「ミーナークシー（魚の目を持つ者の

シュリーランガムランガナーター寺院のゴープラム（楼門塔）群

写真左　ミナークシー寺院のゴープラム

意)」は、屋根より高い中央尖塔にそびえるように祭祀され、さらにこのミーナークシーの傘下の四面の壁全体に妖麗な二千体とも三千体ともしれぬ千手観音、観音像、菩薩像、それに怪獣神、鳥獣神、聖者・聖賢まで組み込まれた、地上神(生きとし生きるものすべて神)を「ひとつのもの」として、あからさまに平然とつくりあげています。おまけに、インドの信仰は天地・火・水・風・太陽・稲妻にまで神格を与えこれを讃仰《さんごう》するのです。日本にも、神と仏を一緒にまつる神社や寺院がありますが、はっきり分断されています。信仰の「包容力」が違います。

だから、インドのこの天空にそびえる石塔寺院「ゴープラム」は、女神「ミーナークシー」を讃える主として観音群ですが、さんさんと太陽の光をうけてすべてが活気に満ちみちています。これを見ると、インドの宗教は人間を含む自然界の背後にひそんでいる不思議な威力を神格化してそれらすべてを讃美崇敬しながらその諸神と歓楽を共にすることを理想にしたのではないかと思われます。

少々では動じない私もさすがにビックリしました。以上が、本家本元のインドの「宗教世界」です。

では、インド仏教の中国への伝来のごく概略を記しておきます。

今から約四千年も前に、もともと中央アジアの原野に放浪していたというアーリア系民族の一派がペルシャ高原に入ってイラン民族を形成し、もう一派が西北インドのインダス河上流に入ってインド・アーリア民族となり、さらに千年後(紀元前二千年)、東のガンジス河へ向かってバラモン文化をつくったといいますから、カースト制度の四種姓（バラモン、クシャトリア、ヴァイシア、スードラ）の最高位がバラモン貴族（宗教家）であるのもうなずけます。また、インド最古の聖典「ヴェーダ（神々への賛歌）」の祭祀をつかさどったのもバラモンですが、祭祀万能に陥ったバラモン教（絶対神聖）が改革される原因になった科学・文学・知識を包含した思想「ウパニシャッド哲学」（紀元前五百年）もバラモン教から出て、ここで「仏教」と「ジャイナ教」（少数ながら現在のインドに存続している）に分れます。バラモンに生まれた釈迦の入滅後（紀元前三八〇年頃）、釈迦の「仏教」はインドへ普及する前に、むしろ中央アジアや西域ペルシャに伝わり、とくに「バクトリア王国」（紀元前二五五―一三九年、中央アジアに古代ギリシャ人が建てた）では、やがて、ギリシャ人によってそれまで恐れ多いとされていた「仏」の肉身がギリシャ彫刻のように人間の姿の「仏像（縮れ毛・高い鼻）」になり、これが「ガンダーラ仏教美術（ガンダーラ仏）」の起源だということです。

さらにこの時代の前後に「仏教（サンスクリット経典）」は中央アジアのイラン人（胡人・イラン語）の翻訳（ペルシャ的解釈を含んでいた）を経て、はるかに遠い東方の前漢時代末期（紀元前―紀元後）の中国へ向かっていたというわけです。ですから仏教経典は、初期、海路シナ海の華南経由ではなく、北路経由のイラン語からの翻訳で始まったのです。仏教のいわば迂回経路です。中国の仏教遺跡とシルクロードの胡人の関係が深いのもこのためです。むろん、朝鮮半島の海をへだてたその先の日本へはまだ伝わっていません。

余談ですが、二〇〇七年三月滋賀県のミホ ミュージアムで行われた開館一〇周年記念「中国・山東省の仏像―飛鳥佛の面影―」展で、一九九六年に山東省青洲市龍興寺遺跡から発見された石灰石に彫った北魏・東魏時代（四―七世紀）の実に女性的に優美な長身の「菩薩像」を拝見したのですが、その仏像を見るなりすぐ私は奈良の法隆寺のやはり女性的で優美な長身の「国宝・百済観音」を想起しました。百済観音はその名のとおり古代朝鮮三国（高句麗・新羅・百済）の百済（四世紀半ば―七世紀半ばに唐と新羅の連合軍により滅亡し、厖大な人口が日本へ移住した）ですが、この百済観音が日本へ渡来したのが推古天皇の飛鳥時代（六世紀末―七世紀前半）だとすると、作者だとされる百済からの帰化人仏師「止利《とり》」は、中国の山東省と、狭い黄海をへだてていますが、朝鮮の百済とは真向かいどうしの近い国のことですから、おそらく山東省で修行をして日本へやってきた中国仏師であったと考えられます。

いずれにせよ、かなり早い時期に日本は中国の仏教芸術を受け入れていたことになります。

が、ここで、古代朝鮮の仏教国百済の滅亡のついでに、古代中国における「仏教受難」のことにもふれておきます。日本では徳川幕府が万世一系の天皇へ「大政の奉還」を決定し現人神《あらひとがみ》が統治する神国になったのを機会に、「廃仏毀釈」を国是にして仏教を排撃しましたが、古代中国でも北魏の大武帝（四四六年）、北周の武帝（五七四年）、唐の武宗（八四五年）の、短い時期でしたが仏教伝来の初期に「仏教排撃」が起き、寺院仏典仏像が焼かれ高僧が生き埋めになるという受難に遭っています。

さて、仏教は、チベット高原の、古くは呪術的な信仰をもっていた「チベット宗教（ラマ

教）」へも流入し、八世紀になると「インド仏教」が結びついて「チベット仏教」を成立させます。

むろん、「仏教排撃」事件があったものの、中国の山西省の「雲崗石窟寺院（五―六世紀）」、河南省洛陽の「龍門石窟寺院」、またはるか西方の甘粛省敦煌市の「莫高石窟寺院」などを見ればわかるように、仏教は衰えることなく伝播していきます。

仏教は、陸路と海路によって南方へも伝播します。まさに仏教の光芒です。

カンボジアの「アンコール トム（九世紀の古代クメールの王城遺跡）、アンコール ワット（十二世紀前半の古代クメールの寺院）、バイヨン寺院（九世紀）」の仏教遺跡も、それからインドネシア・ジャワ島の「ボロブドゥール遺跡（八世紀）」、また、ビルマの「バカン遺跡・シャウェダゴンパゴダ遺跡」、また、タイの「スコタイ・アユタヤ遺跡」など、いずれも「インド仏教」の影響下にありました。が、それぞれの民族の受容のあり方は異なっています。

以上が、インドから各地への「仏教伝播」の概略です。

最後になりましたが、釈迦が「悟り」を開いたといわれるインドの北西の仏教四大聖地の一つ「ブッダ ガヤ」の「マハーボーディ寺院の塼塔」（写真）を見ておきましょう。塔高は五〇㍍の四角錐形でレンガと石で構築されています。紀元前三世紀にアショーカ王が最初に建立したもので、お釈迦さまを祀っていますがその後、改増築を重ねながら現在のような大塔になったものです。じつはこれが中国の「塼塔」の原型になっています。

話を中国の「塼」へ戻します。

右ページ写真右　龍門石窟寺院の大盧舎那仏（洛陽）
同写真左　龍門石窟寺院の三洞と寺院群、インドの開削寺院と違って壁仏龕として露出している。

マハーボーディ寺院（ブッダ ガヤ）
釈迦が悟りを開いた土地。仏教4大聖地のひとつ。アショーカ王が紀元前三世紀に建立。

九、万里の長城と「塼《せん》」

万里の長城が「塼」だとすると、「塼」とは複雑怪奇ですね。
――「塼」とは中国陶磁史を離れた中国建築史に付随する「窯業」です。

そうです。「塼」のみならず「長城」そのものが、いまだにすべては調査されていないということだそうです。

あまりにも長大なのです。ですから、歴代の王朝の長城との関わりかた、二重に構築された「内長城《うちちょうじょう》」の遺構、区域によって異なる工法と規模の違い、北京の北の八達嶺長城《はったつれいちょうじょう》のような壮大な城郭にくらべて西域地方の簡素な構築法など、また、一定の距離ごとにある物見台の「哨戒砦《しょうかいとりで》」、兵士を養う食料庫に武器弾薬を貯蔵していた「地下壕」と、それぞれに建築記録が残っているようですが、全体はまだ不明というわけで、まことに長城自身が複雑怪奇な建築です。

話を「塼」に絞ってすすめます。

先に紫禁城の大和殿《だいわでん》、中和殿、保和殿の床の「金塼」という呆れた極上塼《ごくじょうせん》のことを話しましたが、もう一つ極上塼の余談をします。これも「中国陶磁史」の余録です。

「筆・墨・硯《すずり》・紙」のことを昔は日本でも「文房四宝《ぶんぼうしほう》」といって書斎の宝として尊《たっと》びました。その「硯」のことですが、中国には「端渓硯《たんけいけん》」「歙州硯《きゅうじゅうけん》」「洮河硯《とうがけん》」などという名硯《めいけん》に混じってやきものでつくった「澄泥硯《ちょうでいけん》」というのがあります。字から想像が付きますがこれが超極上の「塼」です。

「澄泥」とは泥を水に溶いて上澄みのごく細かい泥をさらに絹濾《こ》しして集めた粘土を、練って焼いて硯にしたものです。キメの粗い「陶硯《とうけん》」とは違います。墨がなめらかに降りることと、硯の陸《おか》が水をふくんだように乾かないことが肝心なのです。端渓硯の「渓」の字でわかりますが端渓硯は渓川《たにがわ》の石を硯にしたものです。日本でも京都の加茂川や鳴滝《なるたき》の古硯《こけん》、琵琶湖の高島の虎斑硯《とらふけん》、甲州鰍沢《かじかざわ》の雨端硯《あまはたけん》など、みな渓谷から切り出した潤いのある石から彫っています。「澄泥硯」のように焼成しても水を含んだように潤いをもたせることは至難の技術だったでしょう。いわばこれも「塼」の一種です。中国の詩人であり書家だった宋時代の蘇東坡《そとうば》（蘇軾）が愛用した「澄泥・鵝戯硯《がぎけん》」は著名です。

その他、エジプト、ギリシャ、インド、ペルシャの古代の王たちの書いた文書を、飛脚が運んだ封書の閉目に押印する、いわゆる近年、蠟《ろう》が使われた「封緘《ふうかん》」も、昔は「封泥《ふうでい》」といって「塼」の仲間でした。

さて、

「日干レンガ」から始まる「塼」は、石器時代から縄文土器時代に作られていたと考えられますが、紀元前八世紀ごろに興《おこ》った中国の周・春秋戦国時代の七雄（韓《かん》・趙《ちょう》・魏《ぎ》・楚《そ》・

蘇軾愛用の「澄泥・鵝戯硯」

塼の一種「封泥」

燕《えん》・斉《せい》・秦《しん》）のひとり「政《せい》」という名の秦の王が、諸国を平定して初めて「皇帝」を名乗りました。それが「秦の始皇帝」で、紀元前二二一年のことです。死んでからも何千という地下軍隊を動かそうとしたくらいの人ですから、中国の基礎を築いた偉人ですが暴君でもあり、この皇帝でさえ北方の匈奴《きょうど》（北の遊牧騎馬民族の蔑称。東夷《とうい》は北東の異民族、北狄《ほくてき》は北の異民族への蔑称）の襲撃に対しては防御の「城砦」、つまり山の峰々をつなぐ万里に及ぶ城壁を築かなければならなかったのです。秦の始皇帝の時代の長城は、燕と趙と秦がバラバラに造っていた長城を、統一後、一本の長城に継ぐという大工事を継続することだったのです。その後、明の時代まで継続するという大工事ですが、これが全長六七〇〇〇㌔におよんだ「万里の長城」の初期にあたります。

長城の東の端は、北京の東方、遼東湾《りょうとうわん》の海から立ち上がるように築かれた「山海関《さんかいかん》」から、北京の北方の山々をうねるように蛇行し、内蒙古《うちもうこ》との国境を西に向かい、ゴビ砂漠の南をとおり、さらに西方のタクラマカン砂漠の手前の、甘粛省「嘉峪関《かよくかん》」に至るという途方もない「長城」という「塼の城壁」です。

人工衛星からも「糸」のように観測されるそうです。

むろんその城壁の主な資材は、大地の泥から無限に生産する「塼」と、そして一部は「石」でした。

「塼」の原料は粘土です。どの地方の山や麓《ふもと》からでも掘れば出てくる無尽蔵の資源で、「塼」を焼く窯《かま》もまた粘土製ですから簡単です。そうとう長距離にわたる長城建築でも、造営する

長城の景観

城壁の場所さえ決定されれば、その山すその何百箇所にでもにわかづくりの「塼」を焼成《しょうせい》する工場（窯）をつくることができましたし、造営が終了すれば次の工事現場へ転々と移動できます。長城の工事先へ窯場が移動するのです。むろん人間も移動します。

この仕事に従事したのはもちろん「工営兵」にあたる兵士で、匈奴（モンゴル）が襲ってくれば戦争、敵が退けば城壁の建造です。むろん、兵士はいつの日に郷里に帰還できるものか分からないのです。唐時代の王翰《おうかん》の漢詩「涼州詞《りょうしゅうし》」に「葡萄の美酒 夜光の杯 飲まんと欲《ほっ》すれば、琵琶《びわ》馬上に催《もよお》す。酔うて沙場《さじょう》に臥《ふ》す 君《きみ》笑うこと莫《なか》れ。古来 征戦《せいせん》 幾人か回《かえ》る」とありますが、これは、いつ果てるとも予測のつかない「征戦」「長城建設」にかりだされた工営兵たちの望郷の悲しみを詠《うた》ったものです。涼州とは西域のことです。

工法は「版築《はんちく》」といって板枠のなかに莚《むしろ》をはさんで泥、砂礫《されき》を層状に固め、「塼」を積むわけです。

長城は、平均の高さ六―七メートル。頂部の幅四―五メートル。峰の高所と城壁の曲がり角には物見の「城台」、一定距離にのろしをあげる「烽火台《ほうかだい》」、壁には射撃用に開いた「挟間《きょうかん》」、屋上の頂部は「塼」を敷きつめた路面と階段になっています。長城といっても軍隊が駐屯《ちゅうとん》する兵舎と食料庫と戦闘用の武器庫を備えた鋸状に見える城壁で、屋上に道路を備えた二階建ての「城塞」でした。

長城に使用する一枚の「塼」のサイズは、区域によっていろいろですが、私が計ったのは、厚み九・五センチ、幅一八・八センチ、長さ四二・七センチ、重量は二〇キロほどありました。「城塼」といって中等の「大型塼」です。

高温で焼成するのに「松葉、松薪」と聞きましたが、私の見学した「山海関」寄りの長城のすその山々は今もまる裸でしたから根こそぎ燃やしてしまったのでしょうか。不思議なことに長城の北側にも南側にも樹木はありません。もっとも樹木や雑木が生い茂る樹林より、戦場としては視野がひろがっているほうが良かったかもしれません。「塼」の種類は用途別に分けると二十形状くらいあったかと思います。用途によって奇妙な形状のものがあります。また、この「城塼」をふもとから山へ運搬するのはロバと羊の役目で、一頭の背中に二個の「塼」を振り分けにして山の斜面を紐のように、とめどもなく列をなして運んだといいます。

「塼」を現場で積み上げる接着剤は、当時セメントなどありませんから、ふもとの水槽で一冬を越して晒《さら》した石灰に米、粟《あわ》、高粱《こうりゃん》のお粥《かゆ》で溶いた「ノロ」で積み重ねたというのです。たしかに、長城に上がって苔《こけ》むした昔の破損現場の接着剤を調べましたら、少々汚れていましたが石のように白く固くなった「漆喰《しっくい》」でした。兵士を養う食料の穀物を、長城にも食わせたのですから、防御のための城塞とはいえ、長城の建設を必要とした時代の皇帝は莫大な出費を強いられたでしょう。

右ページ写真右　成形後、天日で乾燥
同写真左　窯の出、焼成後の塼

写真右　修復前の長城、塼の状態
写真左　修復後

「万里の長城」は中国の「秦・漢・隋・唐・宋・(元)」と「明・(清)」という時代のうち、北方のモンゴルの皇帝が支配する「元」の時代と、満州(女真族《じょしんぞく》)の皇帝が支配する「清」の時代は「無用の長物」になります。なぜなら、元時代の中国は「内モンゴル」も領土になりますし、清時代の版図《はんと》は、満州を含む「内モンゴル」、その西の「モンゴル」、さらに西の「新疆《しんきょう》ウィグル」、その南の「チベット」まで、領土が拡大していますから隣接する敵がいなくなってしまったのです。もっとも、清(一六四四年)時代以降になると西洋式の大砲が発明され、爆弾が長城を越えますし、飛行機によって空から爆弾が落下してくる戦争ですから「万里の長城」は役に立たなくなってしまいます。しかし、万里の長城建設は世界の「窯業史」における驚異でした。

清時代になると「長城」は荒廃します。そして、やがて「長城」を横に貫通して長城の北へ向かう鉄道や道路が敷設されました。中国建築史における「長城塼」の役割は終焉したのです。

現在の「修復塼」は観光用のもので、私のみたかぎりでは、かたちばかりの安物でした。

さて、次は北京の塼塔建築の話にしましょう。

現在の北京市は、一九四九年十月一日に成立した正式には「中華人民共和国」の首都です。国の総面積は約九六〇万平方粁、日本の二十六倍。ヨーロッパ全域の二倍。人口十二億人。北京市の人口は千五百万人。世界最大の都市で、まったく混みあっています。おまけに日本語も英語も不通ですから、まず、迷子にならないことが肝心です。

第三章　「塼塔」を見てあるく

十、北京市の塼塔《せんとう》建築

北京市近郊の塼塔建築をいくつか挙げてください。
——明の「真覚寺金剛宝座塔《しんかくじこんごうほうざとう》（五塔寺《ごとうじ》）」、清の「静宜園昭廟《せいぎえんしょうびょう》の瑠璃塼塔《るりせんとう》」など・・・。

また余談からはじめます。

二十年ほど前の北京を知っている私は、通勤時間の朝、天安門の街路をおびただしい自転車の群れがまるで一筋の帯か洪水のように流れる光景に出くわし目を見張った記憶があります。そういえば、昔の北京名物に「人力車」の活躍がありました。最近京都などでも名所めぐりに復活していますが、北京の人力車は、昔の北京市内を名人わざで走りまわった今のタクシードライバーの先祖で、この人力車（二輪）の輸出国が日本だったのも驚きですが、中国の小説家・老舎《ろうしゃ》が田舎出の「人力車夫《リキシャボーイ》」の半生を詳細に書いた『駱駝祥子（らくだのシアンツ）』という小説には当時の北京の有様と人情がよく描かれていて懐かしい名作です。

現在の中国の「輪タク」は三輪車ですが、昔の「人力車」は人が引く二輪車です。

北京は昔も今も超過密都市で、中国の人口十三億人のうち北京に現在千五百万人が住んでいますから、この人たちの移動が、まさかすべて自転車というわけではなく、近年、東京の四分の一ほどの距離を地下鉄や国鉄やバスや道路が開通するようになったとしても、いぜんとして交通渋滞の都市です。困るのは、日本とおなじ漢字でありながら駅名もまるで発音が異なり、漢字も略字体になっていてさっぱり読めず、中国はいまや顔が似ているだけで英語圏より遠い外国です。日本からもっていく「ガイドブック」の漢字は略字体ではないですから現地と違うのです。

まぁそれはそれとして・・・

北京には、「紫禁城（故宮博物院）」、「天壇（祈年殿）」、「慈寿寺塼塔」、少し北へいきますと「八達嶺長城《はったつれいちょうじょう》」など有名な遺跡がいくらでもありますが、塼塔建築の話ですから、はじめに明時代の「真覚寺《しんかくじ》・金剛宝座塔《こんごうほうざとう》」俗称「五塔寺」（写真）と、もう一つ、清時代の黄色と緑色の美しいやきものの琉璃塼《るりせん》の塔「静宜園《せいぎえん》・昭廟《しょうびょう》」（写真）の二つの塼塔をあげることにします。

なお、ここでいう塼塔「五塔寺」というのはチベット仏教の塔のことで、中国のあちこちにあります。中国が多民族、多宗教の入り混じった国である証拠でしょう。

はじめに、地下鉄環状二号線の「西直門駅」の西方約三キロ、北京動物園のそばにある「新覚寺・金剛宝座塔」俗称「五塔寺」という変わった塼塔を紹介します。これは少し後に説明する河南《かなん》省開封《かいふう》市の仏塼を積み上げた六角形の「繁塔《はんとう》」とよく似て、背丈は低いのですがチベット仏教に影響をうけた格調高い「仏塼塔」です。

紫禁城（床塼の状態）

天壇

慈寿寺塼塔

真覚寺、金剛宝座塔「五塔寺」正面

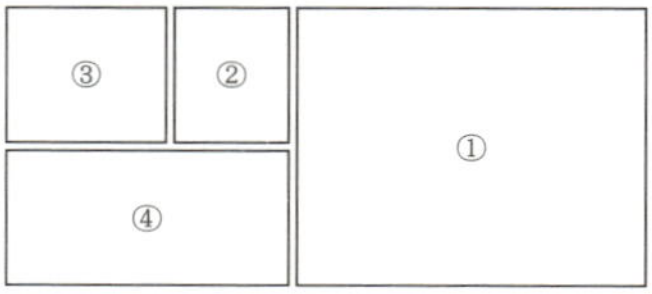

写真①　五塔寺の背面
写真②　基層部の仏塼
写真③　傘状の瑠璃屋根をいただく楼閣亭
写真④　仏龕式におさまっている仏像

この塔は、荘重な石彫彫刻をほどこした須弥基壇《しゅみきだん》の上に、五層からなる仏塼を積んだ基層の、さらにその上の屋上に、皇帝の色である黄色と緑色の傘状の琉璃屋根をいただく華麗な楼閣亭と、この楼閣亭の背後に宝珠を飾ったやや高い十三層の蜜檐式《みつえんしき》の塼塔、さらにその周りに四基、十一層と同等の塼塔がくっつくように隣接して建っています。

つまり、四角形の仏塼塔の屋上に琉璃屋根の楼閣亭と五基の蜜檐式の仏塼塔が乗っているという訳です。

また、どの塼塔の四面にも、塼一枚に一体の仏像が仏龕《ぶつがん》におさまっています。屋上の楼閣式塔の屋根の垂脊《すいせき》には仙人が率いる三尾《び》の走獣《そうじゅう》と嘲風《ちょうふう》の計五つの「俑《よう》」があり、もとは明の永楽帝の発願《ほつがん》の寺でした。その後、清の乾隆《けんりゅう》年間に修復されたようですが、またその後放置されたようです。現在はすでに諸伽藍《がらん》はありませんので、この塔だけが修復整備されたということです。高さ七・七㍍。南北一八・六、東西一五・七㍍。それほど大きく高い塼塔ではありませんが、インドのストゥパ式ではなく、やはりチベット式なのでしょう。この風変わりな塼塔の構図や配置はチベット曼荼羅《まんだら》図に基本があるのかも知れません。

私たちは、アーチ型の塔門をくぐって階段を屋上へ登らせてもらいましたので、緑青釉《りょくしょうゆう》に虹彩《こうさい》の出た「琉璃瓦」と、塼の「仏龕《ぶつがん》」に触れてよくみることができました。「新覚寺、金剛宝座塔」という名のとおりきわめて密度の高い仏塼塔で、この塔は必見の一つだったのです。

さて次は、香山《かざん》公園のなかの近年修復された「静宜園昭廟」の「琉璃塼塔」です。北京動物園に近い「五塔寺」の南に位置しますが、香山公園への途中に「碧雲寺《へきうんじ》」というまったくインド様式で建てられた先の五塔寺の金剛宝座塔とそっくりな清朝時代の「石造の金剛宝座塔」があります。ここでは説明を省きますが、中国はインドの仏教やチベット仏教を敬っていましたのでインド様式、チベット様式の遺跡がこの北京にはたくさん残っています。仏教国の日本にキリスト教の教会があるのとおなじです。

この碧雲寺からすこし歩けばやがて香山山麓の香山公園に到着します。この公園自体も広いのですが、山寄りに、目的の「昭廟」の鮮やかな黄色でふちどられた緑色の「琉璃塼塔」が、傘をややすぼめた屋根の姿をあらわして見えてきます。

痩身ながら、塼塔は八角形。高さ三〇㍍。清朝の四五年（一七八〇年）に建造されました。一九〇〇年、日本の「尊皇攘夷」とおなじで、中国では「扶清滅洋《ふしんめつよう》（清を扶け西洋を滅ぼす）」を叫んで列強の侵入をはばもうとした親清結社の「義和団の乱」が起き、逆に列強に北京を占領され、八ヶ国の連合軍が進駐してこの公園を接収し改築したので一時荒廃しましたが、現在はほぼ復元しました。

とくに、緑の山麓にそびえる緑色の楼閣式の塼塔はすらっとした貴婦人のようにたっています。一般に、明時代の陶磁器とくらべて清の康熙《こうき》帝（一六六二年）の時代になると陶磁器は多彩色端麗になりますが、この陶磁の好みがそのまま塼塔の「釉薬塼《ゆうやくせん》」にも反映するのでしょう、美麗な色調になっています。塼塔の「緑色」は日本でいう「織部《おりべ》」、つまり酸化銅

の釉薬で、塼塔の縦筋に見える「柱」と、庇《ひさし》下の横に見える「貫き」はすべて皇帝色の「黄色」で、釉薬は「バナジウム黄」ですから見た目にひときわ鮮やかです。

それから、この塼塔を「琉璃塔」といっていますが、本来「琉璃・瑠璃」は酸化銅の緑色ではなく、コバルトブルーの青色をいい、この「琉璃塼塔」は酸化銅の緑色なのです。もとはインド語のペイルリアという「青紫の宝石」の漢訳でした。ガラスは「玻璃《はり》」です。この種の釉薬は表面がガラス状に溶けて光沢があり宝石のように美しいので「琉璃」と呼んだのでしょう。

二〇〇八年の北京オリンピックの施設は、紫禁城の真北の地域が開発されています。北京市は昔から北東地区にくらべて北西地区が開けています。そもそも紫禁城のすぐ西側には南北に長い北海《ほっかい》、中海《ちゅうかい》、南海《なんかい》と名付けられた湖があり、その北海の中の島（北海公園）と周辺には遺跡が集中していますし、先ほどの動物園に近い「五塔寺」、「碧雲寺」、香山公園の「静宜園、昭廟の琉璃塼塔」などいずれも北京市の北西部にあたります。

そこで、ついでにもう一つ、さらに北西のだだっ広い海淀公園《かいでんこうえん》に隣り合って、北京大学の近くに、自然の湖を人工的に景観化した「昆明湖《こんめいこ》」があり、この昆明湖の景観を北から南へ眺望する位置に、清の西太后が再建した皇室専用の庭園、万寿山《まんじゅさん》「頤和園《いわえん》」があります。中心の建築は楼閣塔式の「佛香閣《ぶっこうかく》」で、その正面前に「排雲殿《はいうんでん》」があったりしますが、ここではこの万寿山の佛香閣の右奥に「多宝琉璃塔」（写真）と呼ぶ楼閣式の、形も色彩も申し分

右ページ写真　香山公園の中の「瑠璃塼塔」

のないエレガントな琉璃塔がありますからこれを見てみることにします。
建築は清時代の乾隆十五年（一七五〇年）です。

一見、四角形の隅を面取りにした変形の八角形の三重の塔にみえます。しかし、庇の屋根が二層二層になっていますので、じつは七重の塔で、しかも「欄干」をもつ楼閣式です。尖塔の屋根にはつりがね式の立派な「宝珠法輪」があり、皇帝の色である黄色の屋根瓦で、その垂脊《すいせき》には「走獣俑《そうじゅうよう》」を飾り、各層の庇の屋根にも「套獣《とうじゅう》」「滴水《てきすい》」「垂木《たるき》飾り」があって、入り組んだ三重の庇に見えてしまいます。各層の庇を支える木造式の複雑な「斗栱《ときょう》」も黄色の細塼でできていますし、壁はすべて方形の「仏塼」です。そして下へ向かって交互に「コバルト色と緑青色」と「コバルト色と鉄紫色」そして「緑色と黄色」で、庇の八角形の屋根の垂脊の先のすべてに「走獣俑」と「風鐸」をつけたままそれぞれ二層ずつの屋根が重なっていきます。塔堂にはアーチ型の大扉に見立てた壁龕《へきがん》に仏像を彫りこんだ塼と、残りの壁全体にも仏塼による「龕《がん》」が貼られています。そして、この塼塔の基層階はすべて皇帝色の黄色で彩られているというまったく絢爛たるものです。

これが、清の西太后が皇室専用の「頤和園」に造営した装飾塼の傑作「多宝瑠璃塔」です。宮殿のなかの調度ならまだしも、惜しげもなく屋外の庭園に造られたのです。

次は、北京の「天寧《てんねい》寺」の塼塔を見ておきます。

左ページ写真　頤和園「多宝瑠璃塔」

十一、天寧寺塔《てんねいじとう》

北京の「天寧寺塔」。堂々たるものですね。
——立派です。一九七六年の唐山大地震で宝珠相輪部分が倒壊したままです。

この立派な「天寧寺《てんねいじ》の塼塔」は北京の下町のど真ん中に建っています。

紫禁城の天安門からまっすぐ南へ前門大街路を少し下がった西側の宣武《せんぶ》区の一帯が古美術商や骨董屋、本屋などが軒《のき》をつらねる高級品街の有名な「琉璃廠《ルリチャン》」です。もちろん中国の現代美術もここに集結しています。北京を観光する外国人がたくさん訪れますので外国人向けの価格になっているのでしょうか、安くありません。が、私もここで少々買い物をし、甲骨《こうこつ》文字の辞書と、「塼」に関する古い綴《と》じ本も探しました。探したというより店員に頼めば探し出してくれます。一九六六年、毛沢東の第三番目の妻、江青が率いた、あの共産党による急進的改革運動「文化大革命」によって知識人まで拘留されましたので、古い書籍などもう根絶やしにされたのかと思いましたが、なんと立派な古書（英米書、日本書）が天井までうずたかく積み上がっていました。

なにかと面白いところですが、ここでの目的は天寧寺の塼塔ですから寄り道はできません。

この「琉璃廠」をさらに西へ二、三キロ行くと、やはり宣武区内に京蜜引水渠《けいみついんすいきょ》という運河に架かる天寧寺橋という橋があり、その南西一帯の住宅地（胡同《フートン》）の路地のなかに忽然《こつぜん》と聳《そび》えるように建っているのが「天寧寺塔」です。思わず「ウワァー」と声がでます。下町の空に突き出ているのです。あたりは住宅地といっても、お屋敷でもなければ公園でも寺の境内《けいだい》でもなく貧相な北京特有の赤れんがが剥げ出た長屋民家のなかです。

もう十五年ほど前のことですが、われわれ一行が訪ねたときはレコード会社の古い工場のなかに所在していました。来意を告げたのですが、中国人の通訳がいて文物局の許可証があるのに敷地のなかへ入れてくれないのです。何をもめていたのか分かりませんでしたが二時間ほど手こずったあげくやっと、勝手に見ろという風に、許可というより「会社は関知しない」という条件で入ったのです。入ってみて「ははん…」と分かったことは、国宝クラスの塼塔遺跡は、塔の基壇の周辺のすぐそばまで瓜畑で、一部は工場の廃品置き場になっていますし、トタン小屋の前は洗濯物が干してあり、とても重要遺跡が管理されているという景色ではありません。だから外国の調査研究者に見せるわけにはいかなかったのでしょう。しかも、塔の、高い基層部分を飾っている天女や菩薩や金剛力士像たちの衣や鎧《よろい》などが欠け落ちて塑像の木の芯が出ています。塼塔を見上げれば屋根のあちこちからぺんぺん草や枝草が生え出して、遺跡そのものが朽ちていく廃物のようで、塼塔遺跡の発見者のような感動を覚えたのでした。

天寧寺のこの塼塔は、清時代に修復したということですが、寺院そのものの建立《こんりゅう》は北魏《ほくぎ》時

右ページ写真　天寧寺正面より塔頂をあおぎ見る

代にさかのぼり、隋・唐時代を経ています。塼塔は遼《りょう》（契丹《きったん》）時代（九一六―一一二五年）の再建立です。高さ五七・八㍍。正八角形、十三層の「蜜檐式《みつえんしき》塼塔」で、二千体の仏像と、塔内に仏舎利《ぶっしゃり》があると伝えられています。

塼塔の基層部分を撮った写真に注目して下さい。アーチ形に造った開かずの格子扉の上の三尊の仏像と、扉の外周を取り巻く金剛力士像、そして天女の奏でる諧調の意匠が塼と彫塑で表現してあります。基壇の基礎部分には仏教にとって欠かせない「避邪《ひじゃ》（邪悪を避ける）」「鎮墓獣《ちんぼじゅう》（鎮魂の獣）」のいかめしい八十頭の獅子像が取り巻き、さらに木造式の手の込んだ須彌坐《しゅみざ》の造作がやはり塼と彫塑で隈なく仏壇式に組み立てられていて圧倒的な建造力を示しています。

積年の風雪はこの優美な塼塔さえ腐食させています。が、飽くことなく眺めました。

「契丹《きったん》」というのは四世紀ころに東蒙古に出現した遊牧民の「モンゴル族（匈奴《きょうど》）」です。一〇世紀初頭のことですが、この遊牧民モンゴル族の「耶律阿保機《やりつあぼき》」という人物が東蒙古全域を統一して、さらに中国の東北部（北京一帯）を支配して帝位に就いたのです。これが「遼《りょう》帝国」（九一六―一一二五年）ですが、そもそも一〇世紀初頭という時代は、九〇七年に「大唐帝国」が滅亡したあとの、五大十国時代といって、有力な節度使や州の長官が「公」「王」などと称し、そのなかの契丹族の耶律阿保機のように帝位にあがるものが出たのです。いわば中国の暗黒時代でした。そして、この殺伐たる半世紀の後の九六〇年に「趙匡胤《ちょうきょういん》」が皇帝の座に就き「北宋時代」となりますが、この時代が、中国における遼と北宋の並立時代のは

天寧寺基壇部分「鎮墓獣」の獅子

じまりでした。したがって、遼時代の「天寧寺の塼塔」は、このときから数えて千年建っています。一九七六年の唐山《とうざん》大地震で塼塔の頂部が損傷を受けましたが、現在は修復されています。冒頭に紹介した大岡信の詩はこの「天寧寺の塼塔」を詠んだものです。

今でも、あのごみごみした胡同から突然見えたこの「塼塔」を忘れることができません。

十二、観星台《かんせいだい》と白塔《はくとう》

塼塔ではなさそうですが河南《かなん》省登封《とうふう》県の「観星台《かんせいだい》」はモダンですね。

——ええ、やはり塼塔ですが、元《げん》時代の「天文台」です。

では白塔というのは。

——やはり、チベット仏教の塼塔です。

現存する中国最古の天文台だそうです。

私たち一行が日本を出発するときのスケジュールにはこの「観星台」の見学はなかったのですが登封《とうふう》県の田舎をさまよって通訳が地元の人に道をたずねたとき偶然見つかったもので、誰も訪ねる人のない夏草の生《お》い茂る広っぱに、まるで昆虫が地面を割って突き出たような姿で建っている異様な建築におどろくとともに、モダンな美しさに全員が息をのみました。

一行の教授除朝龍氏がすぐに調べ、「元時代の観星台」だと私たちに告げてくれたのです。

つまり、七百年前の天文観測所建築だったのです。

ご承知のとおり、騎馬民族であった元時代を開いたチンギス・ハーンという人物はウソのような巨人です。一二五九年当時、彼が侵攻した帝国の版図《はんと》は、東は朝鮮半島から、西は黒海のウクライナ、北はカスピ海に接するカザフスタン、ロシア、南はイラン、イラクを含むアラビア海に至るもので、インドとインドシナ半島を除く、アジア大陸のほとんど全域です。

観星台全景

遼《りょう》、金、元時代と、モンゴル族が中国を支配しますが、とくにこの元時代の中国はユーラシア大陸の大半を制覇して、一世紀のちの明時代（一三六八年）が始まるまで世界史的規模に拡大します。日本へもフビライがやってきますが（一二七四年、元寇《げんこう》の役）、なんといっても驚くのは、一二五八年、モンゴル軍が西アジアに君臨したアッバース朝の首都バグダッドを陥落させたことです。

したがって、「文明の破壊者」の汚名を着せられていますが、この壮挙は、単に領土が拡大されたというだけの単純なことではありません。民族が移動し文化文明が新しい摩擦と革新をまきおこしていきます。つまりモンゴル族の政治、経済、社会、文化、思想、宗教、学術、科学技術のすべてにわたって変革を起こし、元の国威が大いに発揚されたということであり、「元帝国」の出現はきっと、アジア大陸における世界史的革命だったのです。元時代初期の隆盛を目《ま》のあたりにした西欧のある修道士の見聞記に「神が味方して戦い賜《たま》うものでないかぎり、独力でタルタル人（モンゴル人）に抵抗できる地域はひとつとしてありません」という記述が残されているといいます。

元朝は「大都（北京）」を首都にしますが、存続したのが約一世紀の間で、しかも、中国のルネッサンスといわれる北宋時代と重複するので、北宋・南宋時代にまぎれて元時代の文明的輪郭がはっきりしません。しかし、きっと世界史の改革者だったのでしょう。マルコ・ポーロの『東方見聞録』は元の時代の見聞録ですから注意深くよむ必要があります。元時代最後のトング・チムール帝の新疆省に建っている「廟墓」はまったくペルシャ様式で文字もアラビア文字になっています。もともと陸から陸をつなぐ交易路のシルクロードはこの時代どれほど多くの異民族を国際化していたか計り知れません。ユーラシア大陸の西の端に位置するヨーロッパ」などは、スペインのムーア人征服時代、ペルシャ語の文献の翻訳を介して「医術」や「科学」などを学んでいたといいます。

さて「塼」の話です。

北京に今も建っている「妙応寺」のチベット教の通称「白塔」は元時代の塼塔ですが、先に表題どおり、登封市の天文観測所「観星台」のことから説明します。

この観星台のまたの呼称を「周公廟《しゅうこうびょう》、測景台《そくけいだい》」というのは、紀元前の周の時代に「日景」つまり日の影の長さを測定した二十七ヶ所の観測所の一地点だったことからそれを記念し、ここに天文観測所を定めたのだそうです。また、世祖《せいそ》フビライはときの天文学者、郭守敬《かくしゅけい》と王恂《おうじゅん》に暦法の改革を勅命して、新しい元の「授時暦」を策定、実施したのです。

この「観星台」は元時代の西暦一二七九年の建立で、中国最古の天文台です。明代に修築されているということですが、塼塔の高さ九・四六メートルの台形（覆斗型＝斗が逆さ）で、頂部（八メートル四方）の左右に「漏壺（水時計）」と「渾儀（天体観測器）」をおさめる小室があり、これが昆虫の目のように見えます。台形の左右から頂部へあがる回り階段（側脚）が昆虫の内羽根とすれば、甲羅の中央に直立した深い溝の「立表《りっぴょう》」と、その真下から南へ高さ約六〇センチ、長さ三一・一九メートルの目盛を刻んだ水溝《みずみぞ》を彫った石が細く設置されています。「量天尺《りょうてんしゃく》」です。どのようにして計測したか私にはわかりませんが、水時計と天文台をかねていたのでしょう。

観星台正面下部の詳細

およそ七百年前の機能的建築ですから「美は機能に従う」で、時代を先取りした見事な機能的デザインになっています。「塼」は中国特有の「燻《いぶし》色」です。

次は、チベット教の妙応寺塔、通称「白塔」という塼塔のことに移ります。

この「白塔」は、紫禁城の西、地下鉄二号線「阜成《ふせい》門駅」の北にあります。これは、先の「天寧寺」ほど高層ではありませんが、北京市の街のなかに白くて異様な姿を突きだしているので驚きます。四方形の基壇、円胴部、覆鉢形の塔身部分もすべて白い漆喰を塗り込んでいるので石のように見えますが「塼塔」です。塼塔の宝珠相輪にあたる部分はチベット式の青銅の「傘蓋《さんがい》と傘竿《さんかん》」、宝珠は渡金です。

余談ですが、日本では一九三四年（昭和九年）、明治の建築家、伊東忠太が設計した東京の名所「築地本願寺」のファサードがインド様式に倣《なら》っていてその特異さにびっくりしますが、他にはキリスト教の教会「ニコライ堂」（御茶ノ水）か、いくつかのイスラム教の教会があるくらいでほとんど見かけません。そういえば日本という国は、織田信長が滋賀県の安土に建てた「幻の安土城」が現存していればあるいは変わっていたかもしれませんが、長いあいだ鎖国していたせいか、北京などに比べるとまるで変化のとぼしい都市景観で、戦後になっても、さして変わり映えしません。

白塔の周辺

左ページ写真　チベット仏教の妙応寺、通称「白塔」全景

121　観星台と白塔

「妙応寺白塔」は、中国の遼時代（一〇九六年）に創建され、元時代に破壊されますが、釈迦の舎利を収めた石函《せっかん》が発見され、これを収める塔としてネパールの王族の指導で一二七九年、全面的に再築されたものだということです。

この塼塔は、基壇の一辺が九㍍、総高五一㍍。基壇の底部は方形ですが、その上の層は変形十字の須彌座《しゅみざ》、さらにその上に蓮華座《れんげざ》を設置して、その上の深い鉢を伏せたような覆鉢《ふくばち》形の塔身を受けています。さらに、十三層をかさねた円錐形の傘蓋（相輪）には、直径一〇㍍という帽子のつばのような銅製の透《すか》し彫りの「華蓋《かがい》」があり「風鐸《ふうたく》」で飾られています。塔の最頂部には高さ五㍍の銅に渡金《ときん》した「傘竿（宝珠）」があります。

説明を省きましたが、じつは、北京の西北の、先に記述した北海公園にも、清の時代に建立された「永安寺の白塔」というやや小規模ですがほぼおなじチベット式の塼塔がありました。

さて、この「北海の白塔」は、基壇の上の塔身に「眼光門」と称する飛雲模様の、縁に緑釉をほどこした塼の壁龕《へきがん》が見えるのも特徴ですが、とくに、白い石彫のように見える基壇の彫刻の部分に注目してください。この意匠は中国風のものではありません。基壇四方の「欄楯《らんじゅん》（欄間式盾《らんましきたて》）」の獅子の装飾と、笠石《かさいし》の隅部分が太陽の飛天光《ひてんこう》と、方塼による紐《ひも》更紗など、独特のものになっています。チベット式の意匠でしょうか。（写真）

また、北京ではありませんが、山西省代《だい》県には、インドで、釈迦の入滅後、仏教を擁護したアショーカ王（紀元前三世紀ころ古代インドを統一し仏教を奨励し、とくに第三回目の釈

白塔基壇部の装飾塼

迦の経典を再編した）を讃えた「阿育王塔《アショカ》」という元時代の円墳式の素朴な塼塔があるなど、中国には、随所にインド式の「ストゥパ（卒塔婆《そとば》）」も存在します。

中国が、インドやチベットなど、多民族、多宗教、多文化の国際国家であった証拠です。

インドの、梵語《ぼんご》でお墓が「ストゥパ」で「卒塔婆」はその漢訳ですが、日本は漢訳のまま「卒塔婆《そとば》」と呼んでいます。「舎利塔」といえばお釈迦さまの遺骨や遺物をお祀《まつ》りしますが、お釈迦さまの遺骨などそんなにたくさんありませんから、「舎利塔」には、インドでも、中国でも、「舎利玉」と称する宝玉や、経典を納めています。日本の五重の塔の塔身にも舎利玉、水晶、経典、仏像、仏画、米などが安置されているということです。密教の塔身には「両界曼荼羅」や「大日如来像」が安置されています。

以上元時代の河南省登封県の「観星台」と、遼・金・元時代を支配したモンゴル族の建設した北京の通称「妙応寺・白塔」、それに清時代の「北海の白塔」と、「阿育王塔」にふれましたが、もとに戻って、同じく河南省登封県の禅僧、達磨大師《だるまだいし》の少林寺の塼塔へ話を移します。

十三、少林寺塔

河南省登封県の北山麓の「少林寺塔」ですか。塼塔が林立していますね。
——達磨禅師《だるまぜんし》と少林寺拳法の少林寺ですが、塼塔はこの寺の禅僧たちの墓です。

私の子供の頃は「だるまさん、だるまさん・・・」と口ずさんできました。また商売繁盛のマスコットでしたし、選挙で勝てば片目を入れる「ダルマさん」は、漢字で書けば「達磨《だるま》」で、もとは、梵語《ぼんご》の「Dharuma」の漢音訳だったのですね。意味は「法・規範・真理・教説」のことだそうですし、私は江戸末期の画家・曽我蕭白《そがしょうはく》の人物画「達磨図」を思い起こしてしまいます。また、禅宗の始祖としては「菩提達磨」で、梵語は「Bodhaidaruma」ですが、何年に生まれ、何年に没したか不明の高僧です。伝説によれば、『三国志』時代の北魏末の人で、紀元五三〇年没となっています。ですから、北京の北、大同市の「雲崗石窟寺院」が造営された四六〇―四九四年の中央アジア方式の仏教仏《ぶつ》の造営時期とかさなっています。つまり、中国へ仏教が流入する大きな波の時代です。

達磨大師の諡《おくりな》は円覚大師。宋代に書かれた禅宗史書によれば南インドの香至国《こうしこく》の第三王子としてインドに生まれて、海路中国に渡り、河南省登封県のこの「嵩山《すうざん》少林寺」（紀元

少林寺墓塔のさまざま

四九六年北魏の孝文帝が仏陀禅師のために創建)で、面壁《めんぺき》九年間の座禅行の後、悟りを開き、その「法」を弟子の「慧可《えか》」(中国禅宗の第二祖)に伝えたといわれる「禅宗の開祖」です。したがって、昔から現在にいたるまでの禅宗の隆盛から推し量ってもその弟子の数は数えきれません。また、唐の三蔵(経蔵《きょうぞう》・律蔵《りつぞう》・論蔵《ろんぞう》)に通じた法師・玄奘三蔵と同じく、この達磨大師は「魏時代の三蔵法師」の一人でした。

「少林寺」は創建以来、隋、唐、清時代には皇帝の庇護下にあり、とくに元時代には大いに栄えますが、しばしば戦禍で興廃をくりかえし現在に至っていますので、中心の伽藍である「大雄宝《ゆうほう》殿」、「天王殿」などは、一九二八年の蔣介石の率いる「国民政府」と「軍閥」の内戦によって焼失しました。が、山門と方丈と北宋末に建てた「千佛殿(観音殿)」は残っています。この寺院の西にある塼塔群が、宋時代以降千年間に建立されたもので、少林寺歴代の高僧を祀《まつ》っている墓です。基数は二百二十基以上。様式も「楼閣式」「密檐《みつえん》式」「亭閣式」「ストゥパ式」と、高僧たちが国際的であったことを物語っているのです。なかでも元時代の「月巌長老塔《げつがんちょうろう》」というのは背丈の高い円筒形の、特殊な単層の塼塔ですから墓塔のなかでもひときわ目立っています。

さらに、少林寺には、達磨大師がもたらしたとされるインドの古代武術に由来する格闘技があり、それを日本の「宋道臣《そうどうしん》」というひとが、戦後、昭和二十二年に「少林寺拳法」として日本で創始したのです。

私たち日本人にはなじみ深いお寺です。

さて、「少林寺」の塼塔はみな「卒塔婆」で達磨大師の弟子たちの墓です。

私がこの本の「はじめに」で、少林寺の林立する塼塔群に紛れ込んで「塼塔にだけ絞って勉強しようとした計画さえ無謀な計画だったことを思い知らされた」と書いたその苦い経験の場所です。

写真を見てください。

塼塔は起伏する嵩山の斜面です。塼を積む工法もよくわかります。下から、「基壇」「基座」「受花《じゅか》」「覆鉢《ふくばち》」「相輪《そうりん》」「宝蓋《ほうがい》」「円光《えんこう》」「宝珠《ほうじゅ》」の順が基本です。塼は、「條塼」「方塼」「文様塼」が基本ですが、「受花」「覆鉢」「円光」「宝珠」などにはそれぞれの墓の意匠にしたがって異型の塼が制作されています。そして、「塔身」の基盤に「骨函《こつばこ》」が収まり、それぞれの高僧たちの故事来歴業績を記した黒い石の「碑文版」が嵌《は》め込まれています。

禅宗は、他力本願ではなく、自力本願の宗派ですから、この少林寺を慕って千年以上ものあいだに各地から雲集した何万人の僧のなかの、ほんの一握りの高僧たちが、ただひたすら、つまり只管打坐《しかんだざ》の座禅によって切り開いた人間精神の記念塔だと思うと、塼の勉強などといって塼建築の外側だけを見て回るわが身が少々アホのように見えました。本来は、この高僧たちのように修学にはげみ徳器《とっき》を養うべきでしょう。

さて私はいままで、河南省登封県の「観星台」「白塔」「少林寺」などの塼塔について書いてきましたので、続けて、同じ河南省の北東の、登封市の近在に位置する開封《かいふう》市の「繁塔《はんとう》」

と「鉄塔《てっとう》」の塼塔を取り上げたいとおもいます。ご存知のとおり、中国の北方を東西に流れる大黄河の北が河北省（北京はこの省の中央部で政府の直轄市）で、南が河南省です。
この河南省の北方に、黄河に接するように登封市も開封市も、東西にならんでいます。

「開封」というのは西暦九六〇年に成立した文化国家北宋の帝都（汴京《べんけい》）です。しかし、高い文化国家を誇っただけ軍事力に弱く、宿敵国家「遼《りょう》（契丹《きったん》族）」を討つために、北方に興った女真《じょしん》族の国家「金」と手を結んで「遼」を挟撃したのですが、「遼」は逆に「北宋」に援助を乞います。そこで北宋は一計を案じて「遼（夷）」と「金（狄）」の夷狄《いてき》同士を戦わせ漁夫の利を得ようと考えた結果、「金、宋」軍はたしかに「遼」を滅ぼしますが、しかしその金によって今度は北宋が瞬く間に滅ぼされてしまうという憂き目にあって、一一二六年、首都「開封」は陥落してしまいます。「靖康《せいこう》の変」です。「遠交近攻《えんこうきんこう》の策」の失敗で滅亡するのですが、しかし「開封」に花咲いた北宋の百六十六年間は中国史上、「唐の長安」に次ぐ華々しい文化の時代だったと記されています。

一例ですが、日本で毎日読む新聞の文字書体は「明朝体」といって明時代の書法を基本にした活字書体が一般的ですが、「宋朝体」といって宋時代の書法を基本にした活字書体があります。この本の題字「塼塔　中国の陶芸建築」の書体がじつはその「宋朝体」です。

では、また「塼塔」の話にもどります。

左ページ写真　少林寺塼塔（墓塔）の景観

129　少林寺塔

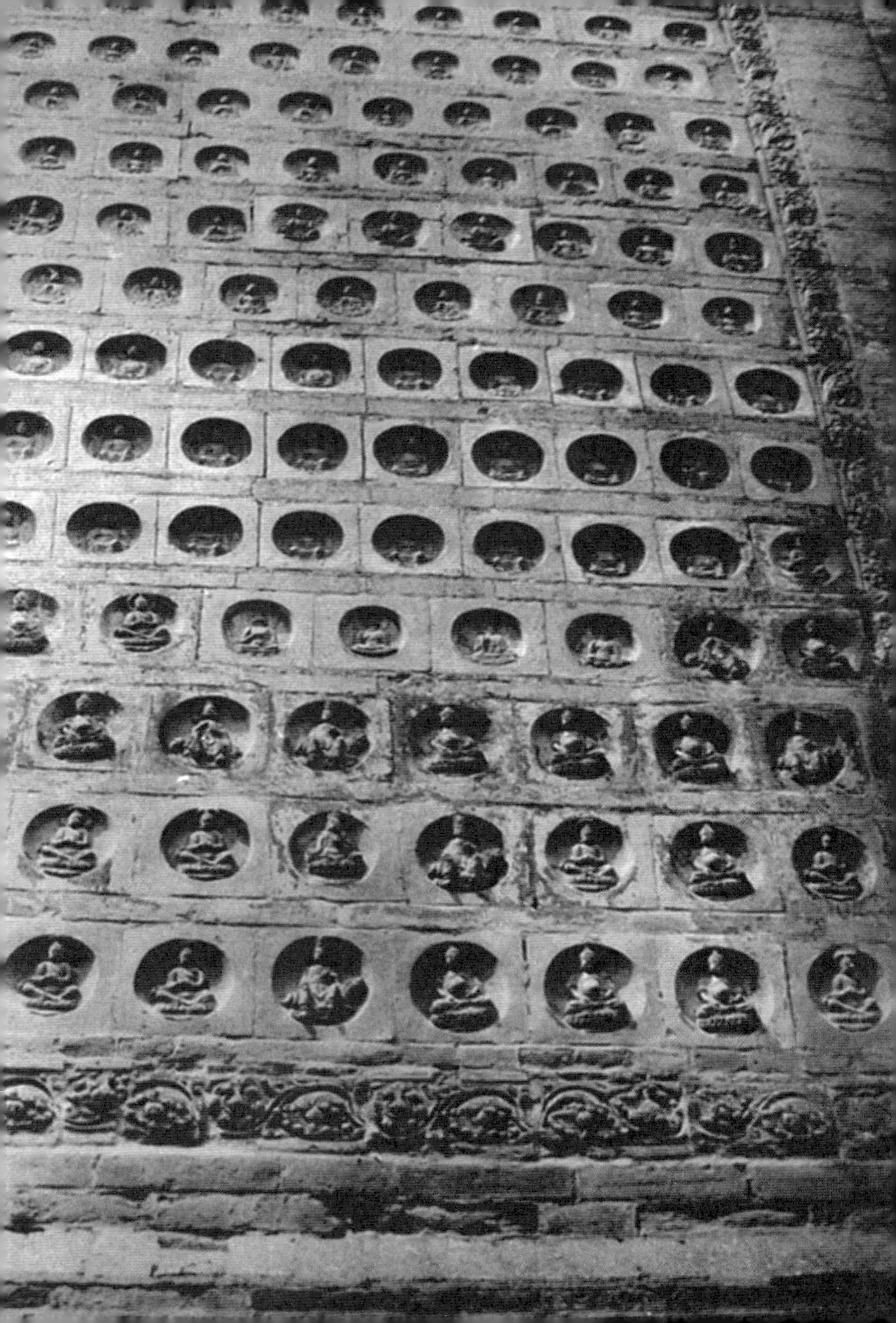

十四、繁塔《はんとう》

河南省開封市の「繁塔」、これは六角形の塔全体が「仏塼」ですね。
——都市のなかの千仏洞で、内側も仏塼ですから俗に〝千仏塔〟と呼んでいます。

すでにお話ししてきたように、日本へ仏教が伝来するのは飛鳥（六世紀）—奈良時代（七世紀後半）のことですが、インドから西域を迂回して、中国へ仏教が伝わったのは唐時代よりさらにはるか昔のことで、すでに紀元一五〇年ころには河南省の洛陽（後漢、西晋《せいしん》、北魏の都）で仏教経典の翻訳が始まっていたと記されています。

中国には紀元前から「宗教」ではありませんが、「孔子」「孟子」「老子」「荘子」の優れた思想があるのに、西域から伝わってくる舶来の「仏教」に迎合する精神風土が地鳴りのように起きはじめていたのでしょう。

といいますのも、どの宗教でも同じだと考えられますが、そもそも信仰の対象になる「神霊」が宿るご神体はそれまで山嶽とか巨木とか巨岩とか老木など特定の物体に限られていました。インドでも、紀元前には釈迦の尊像というものはなく、菩提樹、法輪、仏足石、仏塔などを象徴として「無仏像の時代」というそうです。しかし、紀元一世紀末にはインドで

釈迦像が作られ、仏典にある諸仏があらわれます。仏蹟の多いガンダーラ地方（現パキスタン）でも、ヘレニズム文化とイラン文化の接触のもとに仏像制作の盛んな時代をむかえます。

さらに、「仏教仏典」がインドの北方へ伝播すると、パキスタン以北の地でも数多くの「仏像」が制作されることになりました。時期は、中央アジア（カザフスタン、キルギスタン、タジキスタン、ウズベキスタン、トルクメニスタンなど）へ、マケドニアのアレキサンダー大王が東征（前三三四年）した後、ギリシャ人からギリシャのご神体が人間の姿に肉身化している「ギリシャ神」の存在を知らされてからそれに啓発されて始まったとされます。だからどうも、インドだけでなく、中央アジアも仏像製作の初期の地らしいのです。しかし、ギリシャ神に啓発されたというものの「仏典」に書かれた「ほとけ」の概念から前例のない具体的に肉身化した「仏像」を初めて象形化するのですから、これはまったく暗中模索で、百人百色、マチマチでしたから、いったいどれくらいの期間が掛かったか分かりません。やがて仏教教義にかなった「聖」なる条件を具体的に宿した、しかし、半抽象的な人間の姿をした「ほとけ」の姿が次第に現れてくると、仏画仏像制作ほど「ほとけ」に近づく最短の道はないのですから、急速に、仏教への親近感が広がり、造仏像画活動が盛んになります。そして立像、坐像、面立、印相、光背、台座などの仏像表現が整っていったようです。

岩波書店刊の中村元《はじめ》編纂の『仏教辞典』から概略を引用します。

仏像の表現は制作された時代、地域によって著しい差異がある。ガンダーラ仏が風貌や衣《い》襞《へき》の表現にギリシャ彫刻の影響を強くみせるのに対し、クシャナ王朝期のマトゥラー仏では

前ページ写真右　繁塔の部分詳細
同写真左　繁塔の全景

風貌も純インド的で体躯もたくましい姿に変化し、続くグプタ王朝（四—五世紀）にいたると均整がとれ理想化された表現を獲得してインド仏の頂点を形成した。中国では二世紀後半から造像が始まり、はじめはガンダーラ仏の影響下にあったが、南北朝の北魏（三八六—五三四）後期、雲崗石窟を経て龍門石窟にいたって漢文化独自の形式・表現を獲得、やがて七世紀末から八世紀前半における唐代（六一八—九〇七）の全盛期をむかえる。朝鮮と日本の仏像は基本的には中国佛と並行関係で発展したと。

やがて、山西省大同市の「雲崗石窟寺院」（五—六世紀）や、河南省洛陽の南の「龍門石窟寺院」（五世紀末—八世紀中葉）に、厖大《ぼうだい》な石の仏像彫刻が造営されることになりました。日本へ伝わったのは中国仏でした。

以上が、仏教の造仏の起源と由来です。

さて、開封市の南東に位置する、元《げん》時代の「天清《てんせい》寺（後に国相《こくそう》寺）」の「繁塔《はんとう》」（写真）は、五代（後梁《ごりょう》、後唐《ごとう》、後晋《ごしん》、後漢《ごかん》、後周《ごしゅう》）の、後周年間（紀元九五四—九五九年）に創建されたものです。現存の繁塔の姿は、北宋時代の太宗の時代（紀元九七七年）に建立された、もともとは六角九層の塼塔でしたが、元代末期に兵火に遭い、明時代の洪武年間（紀元一三八六年）に再建された際に下部の三層だけを残し、塔の頂部にはこの時補足したと思われる七層の、まるで香炉の「つまみ」のような小塔と相輪をのせた姿になりました。また、繁塔の内部には塔の頂部へ通じる階段がありますが、この階段室の壁にもびっしりと「仏塼（仏龕《ぶつがん》）」がうまっています。さながら「千仏洞」の趣きです。

こうして、「繁塔《はんとう》」はまるで低層の楼閣のような姿になって今日に伝わりました。この平面正六角形の「繁塔」は、すべて塼で構築されています。しかも建築の外側も内側も、やや球面状の三〇センチ四方の塼の中央にさまざまな姿の仏像を浮き彫りにした「仏龕」でおおわれているで、じつに親しみ易く、不思議なくらいおだやかな気分になります。

きっと、中国のこの時代を描いた著名な小説『水滸伝《すいこでん》』（宋時代の乱世を背景に、英雄豪傑百八人が梁山泊《りょうざんぱく》にあつまり悪政を懲《こ》らしめて活躍する痛快大ロマン）のように、いくつもの帝国が乱立し、盗賊が跳梁《ちょうりょう》し、道義も秩序も紊乱《びんらん》する戦乱の世に嫌気がさした当時のひとびとが、大都市にいながら石窟寺院のような千体もの仏の慈悲に絶えず接していたいという平和を願う気持ちから、都市のなかに「千仏洞」を造り出したのでしょう。

余談をすこし。

宗教観の希薄になった現代人の私でも、この「繁塔」の千体にも及ぶやきものの鄙《ひな》びた「仏龕」に出会ったときはさすがに日ごろ忘れている仏心が甦りました。私の宗旨《しゅうし》は浄土真宗で阿弥陀仏です。仏壇のまえではわからないまま三部教の経本を手に口ずさみ、親鸞の『一代記』、語録『歎異抄《たんにしょう》』、『般若心経《はんにゃしんぎょう》』など一応分かっているのですが、しかし仏を心身で感じることはまれです。が、この「繁塔」の無数の仏を目の前にしたときは別でした。日ごろと違ってどこか懐かしく、この仏塼の前では仏も人間も共通するものと思えたのでしょうか。

そういえば、京都東山七条の京都国立博物館の南に「蓮華王院（三十三間堂）」というお寺があって、この本堂の中央には、仏師・湛慶《たんけい》作という像高が三・三五㍍の千手観音坐像と、その左右の十階の壇上に身の丈一・六五㍍という等身大のやや痩身の観音さまが、右の壇に五百体、左の壇に五百体、合計千体の千手観音像が安置されていますが、この前にたたずんだときもしばしば仏の世界を感じたことを思いだしました。「蓮華王院《れんげおういん》」の仏たちは、後白河法皇が発願《ほつがん》し、平清盛が造営した平安―鎌倉の国宝、重文の仏像群です。

また、これを造った平安、鎌倉時代の仏師たちは、僧侶とは別体系ですが、仏教を修得したしるしとして仏師は「法印《ほういん》、法眼《ほうがん》、法橋《ほうきょう》」の階位を賜っていたくらいですから、仏像は単なる彫刻ではなく仏教の精神へ特定化した彫刻として受容することができます。

私は「繁塔」の仏龕塼を模倣したものを、帰国後、京都の仏師にたのんで作ってもらったくらいです。次に取り上げる、おなじ開封市の北東にある祐国《ゆうこく》寺の「鉄塔」もこれによく似ています。

繁塔の仏龕塼

十五、鉄塔

河南省開封市の「祐国寺塔《ゆうこくじとう》（現・開宝寺塔《かいほうじとう》）」の俗称「鉄塔」、これはバカに高いですね。
——十一世紀の装飾塼による傑作で五七メートルの高さでそそり立っています。

日本で「鉄塔」といえば白い碍子《がいし》をつけた「送電用の鉄骨塔」のことですが、ここではまるで違います。

まず、開封市は黄河の南側に、運河を開いてできた北宋時代の殷賑《いんしん》をきわめた古い都市です。先の「繁塔《はんとう》」が開封市の南東寄りにあるとすれば、この「鉄塔」は開封市の黄河に近い北東寄りにあります。市街地を南北に分ければ、ちょうど東側の対極に位置していることになります。

「鉄塔」は、北宋時代の「塼塔」です。

この「鉄塔」は楼閣式の十三層、正八角形の塔で、一辺が四・一五メートル、したがって基壇の周囲が三三・二メートル。塔高五七メートルですから見るからに細い塔身を天へ突き上げていて圧倒的な高さに見えます。

いらざる詮索《せんさく》は不要かもしれませんが、写真で見るように、塼塔がいきなり地上から生《は》えたように基壇なしにたちあがっています。塼塔へ入る入り口も地面からややくぼんだ場所で、「ちょっとヘン」でした。

じつは、何時代か忘れましたが、後年、黄河が氾濫したとき支流の汴河《べんが》や、五丈河《ごじょうが》が運んできた土砂でこのあたりの地面一帯が盛り上がってしまった、ということです。

どうも「鉄塔」の足元のプロポーションが少々可笑《おか》しいのはそのせいでしょう。

それでも、空にそびえるこの塔の付近まで行くと褐色の鉛筆のようにそそり立っていますので「ああアレだ」とすぐわかります。近づくとその名のとおり「鉄塔」ですからたしかに鉄色をしていますが、さらに近づくと「琉璃釉《るりゆう》」と説明にあるとおりで、楼閣式の、本来木造建築の複雑な木組構造部材のすべてをやきものの「塼」で建造していますので、その複雑な構造のゆえに黒ずんで見えますが、そう見えるだけでなく事実、緑色、黄色、飴茶色、焦茶色、鉄紫色と、ありとあらゆる鉄の窯変釉《ようへんゆう》が複雑に表面を覆いつくしているわけです。まさに鉄色の鉄塔でした。

しかしそれにしても「なぜこんな建築ができたのか」と、しばしただ呆れて見ているだけでした。

この祐国《ゆうこく》寺の「鉄塔」は、北宋、仁宗《じんそう》皇帝の皇祐《こうゆう》元年（紀元一〇四九年）に建てられ、当時は「上方寺《じょうほうじ》塔」または「鉄塔寺塔」と呼ばれました。北宋初期（紀元九八九年）の工匠「喩皓《じゅこう》」という人が汴京《べんけい》に建てた木造の開宝寺福勝院《ふくしょういん》の霊感塔《れいかんとう》がその前身だとされています

左ページ写真　天に向かってのびる「鉄塔」

141　鉄塔

が、これが焼失した五年後、やはり仁宋皇帝の勅命により、同塔を模倣して塼によって再び建設されたといいます。そして、さらに明時代にはこの寺を「祐国寺」として再建し、本体の塼塔にも修理が加えられ、さらにまた近年、一九五七年の「修復」をへて、現在は公園のなかに建っています。

約千年の風雨に晒《さら》されていますが、さすがに焼成したやきものですから堅牢で色彩も原状をとどめています。

「鉄塔」は平面八角形の十三層、高さ五七メートル。底部が広く、上へ行くほど次第に締まって細くなる構造で、頂部には球型の「刹《さつ》（旗柱・寺・舎利のある表示）」が飾られています。楼閣式の塼塔建築で、内部にらせん状の階段が十三層まで通じています。層ごとに窓が見えますが、光を塔内に取り込む開放窓は基壇部の入り口をふくむ四つしかありません。残りの窓は壁龕《へきがん》になっていて、仏塼が安置されています。外壁の「塼」は二十八種類あるそうで、塼面には宝相華紋《ほうようげ》、飛天、獅子、キリン、力士、唐草紋、雲紋などが、粘土を型に押して抜き出した浮き彫りレリーフで成形され、表面に「琉璃釉（鉄、銅、鉛釉）」が施されています。

また、この塼塔は、木造の楼閣建築が範になっていますので、十三層の屋根の庇《ひさし》を支える柱、桁《けた》、垂木《たるき》、斗栱《ときょう》、腰組みなどの幾重にも重なる細部へも、先にあげた紋様が隈《くま》なく浮き彫りされて、まったく装飾過剰ですが、その稠密《ちゅうみつ》さが魅力的でもあります。

以上、通り一遍の「鉄塔」の説明をしましたが、じつは詳細を書いていません。この建築

鉄塔の部分、仏龕

全体の詳細部分というのは、ほんとうに緻密にできていて言葉では表現できないのです。

アップの写真を見ていただきましょう。「百聞は一見にしかず」です。

例えば、八角形の塔のやや反《そ》りあがった屋根の軒庇《のきびさし》の先端に、魚の頭だけの口が、鉄でつくった風鐸《ふうたく》を銜《くわ》えていますが、すぐその上には、この魚の頭から出た角状《つのじょう》の軒飾りに抱えられたもう一尾《び》の魚がもう一つ別の小風鐸を銜えています。つまり二重の風鐸が音色《ねいろ》を奏でる仕組みです。この要領で八角・十三層の軒先に合計二百八個の風鐸が風にまかせて囀《さえず》る仕組みになっているのです。

また、十三層の各層ごとに八本の柱が見えます。この柱は八本とも、一見、鋲《びょう》に見えますが、じつは陶製の「仏龕《ぶつがん》」でびっしり埋まっています。さらに、この塔の建築は、木造建築の要領を「塼」へすり替えたものですから、木造建築の屋根庇の重量を支えるための「斗栱（杭、枡形）」の形式まで「塼」で模倣しています。しかもそれだけでなく、本来、木造の「斗栱」の上端《うわば》は、雨水から木材を保護するために銅版の笠木《かさぎ》をかぶせるのですが、その笠木まで緑青色の釉薬で塗り分けているのです。

呆れてものが言えないくらい細部が精密にできていますので、実は説明しづらいのです。

しかし、「どうしてここまでやったのか」というのが私の率直な疑問でした。盗掘ではありませんが、鉄塔を見ているうちに、私はこの時代の中国の仏教の「力」を考える縁《よすが》として、目のまえにある「仏塼」の一枚くらい剥がして持って帰り、骨董品のようにじっくり愛玩、いや研究したいという衝動にかられたものです。

鉄塔の部分詳細

とはいえ一方で、中国の仏教は、民・百姓を平穏に統治する「皇帝政治の道具」であったという見方があります。つまり、「寺」からは租税を取らない代わりに民・百姓を「なだめておく」という交換条件だったそうです。京都の寺はいまでもこの名残を残していますが、「統治の道具」にはなっていません。「宗教心」というものは政治よりさらに不可解な「力」を持っているはずです。

また、宗教的デザインや装飾というものも、宗教の思想であり情報だとしますと、「鉄塔」くらい濃密に表現せざるを得なかった理由として、当時の中国の統治者にも、工事に駆りだされた民・百姓にも、それにふさわしい仏教思想や仏教情報が時代背景にあったということになります。そうでなければあれだけ手のこんだ難しい「塼」を焼いたり「加工」したりすることができません。当時の仏教がもっていた精神的「磁力」が現在とは比較にならないほど濃密だったということでしょう。「統治の道具」というのは嘘です。

ともかく、京都の「蓮華王院（三十三間堂）」の千一体の「千手観音像」の密度にも驚きますが、「鉄塔」の濃密な造営には頭がさがります。時代が仏教を渇望していたのです。

しかし、この「鉄塔」も現在は観光資源の一つで、京都の「蓮華王院（三十三間堂）」と変わりません。

以上が「鉄塔」の説明ですが、歴史はこういう人間の手と心の時代を忘れてしまいました。かわって、「情報化時代」といいますが、手も心も喪失した時代は、結局、空々しいだけかも知れません。手の感触が心を動かし、気持ち次第で手はどうにでも働くのですから・・・。

さて次に、中国の歴史をさかのぼり、「唐の長安城（現在の西安）の塼の建築」と「塼塔」を見ることにします。まず、現存する「西安の城壁」から始めたいと思います。

ご存知のとおり、唐時代というのは、隋時代の後です。

隋は四十年間の短い統治でしたが、文帝《ぶんてい》の統治および治安力、煬帝《ようだい》の大運河建設や仏教の活用などの大功績を残したあとを受けて、唐は七世紀初頭に成立し、十世紀初頭の「五代」の分裂で壊滅《かいめつ》するまでの三百年間、世界の国際都市として類を見ない大唐帝国の首都になります。仏教の盛んな時代です。

日本では奈良・平安時代にあたりますから、「遣隋使」「遣唐使」「法隆寺」「正倉院御物《ぎょぶつ》」「平城京」「平安京」、宗教では比叡山の「最澄」、唐から真言密教を持ち帰った「空海」などの時代としてよく知られています。

中国の唐時代には、帝国の名を「唐」とした初代の皇帝「高祖《こうそ》・李淵《りえん》」、李淵を武力で援《たす》けた第二代皇帝「太祖・李世民《りせいみん》」、第六代目の「女帝・則天武后《そくてんぶこう》」、第七代目の「楊貴妃《ようきひ》との恋に落ちた名君、玄宗《げんそう》皇帝」、詩人の「李白《りはく》」「杜甫《とほ》」「白居易《はっきょい》」、また、宗教では、九十年間かけて岩に彫ったという中国最大の「峨眉山《がびざん》大仏（四川《しせん》省楽山《らくざん》）」、陶芸では「唐三彩の俑《よう》」、西域と砂漠を越えて交易した「シルクロード」などと共に私たちに馴染《なじ》み深い時代です。

十六、西安《シーアン》（長安）の城壁

「西安の城壁」は現在も建っているのですね。
——明《みん》と清《しん》の時代に修復していますが現存の塼建築です。

紀元前の「夏《か》」「殷《いん》」「周《しゅう》」「秦《しん》」時代の後を受けた前漢《ぜんかん》時代の高祖《こうそ》は、王朝の長い安泰を願って王都を「長安」と名付けました。爾来《じらい》「長安」を王朝の都名にしたのは、西晋《せいしん》、前涼《ぜんりょう》、前秦《ぜんしん》、後秦《こうしん》、西魏《せいぎ》、北周《ほくしゅう》、隋《ずい》、そして、唐《とう》なのです。漢時代の「長安城」遺跡は、いまの西安市の北西に隣接していました。一方、唐時代の「長安城」はいまの西安城壁をふくむもっと広い地域にひろがっていたのです。ところが、元《げん》時代末期の、長安を守るいわば皇軍の節度使の「韓建《かんけん》」という人が防衛上の理由をもって外側の城郭を放棄し、皇城を改築して「新城」としました。また、同じ元時代には「長安城」を、元国に奉《たてまつ》る意味で「奉元城《ほうげんじょう》」と呼んでいましたが、明時代の洪武《こうぶ》二年（紀元一三六九年）に明軍に占領され、その後「西安府《せいあんふ》」と名を改められ、現在の「西安《シーアン》」となりました。

ですから、現在みられる「西安の城楼、城壁」は、唐代の「皇城《こうじょう》（政務）」、「宮城《きゅうじょう》（住居）」を囲む城壁をもとに、明時代の洪武七年（一三七三年）に改めて築城されたものだというこ

観光地化した現在の城壁の有様

とです。

城壁の距離ですが、東壁は二五九〇メートル、西壁は二六三一・二メートル、南壁は三四四一・六メートル、北壁は三二四一メートル。城壁の高さは一二メートル、そして、周囲の距離は一二キロにおよびます。現在は環状公園になっています。

また、唐代の建設当初の城壁は、黄土色の粘土にムシロなどを挟んで搗《つ》き固めた「版築工法」でしたが、明時代の隆慶《りゅうけい》二年（紀元一五六八年）には全面的に外壁と頂上へ「塼」が用いられました。さらに、清時代の乾隆《けんりゅう》四六年（紀元一五六八年）の補修工事によって、ほぼ現在のような外観を整えた、と記されています。

正面の城楼・城壁などは、大唐帝国の城砦ですからいまも戦慄の景観をとどめています。とくに、城壁のコーナーが円状を描いて大きく張り出していますが、これは戦時の防御の機能をもつだけでなく、いかにも威嚇的で戦闘的な、「城塼建築」になっています。

唐代の広い地域に広がっていた長安の都城ですが、衆知のとおり、この都市は設計図に基づいて構築された都で、世界の中心に君臨する皇帝の威厳を反映するものでした。

東西に九・七キロ、南北に八・六キロ、面積は八〇平方キロ。城内の人口百万人、城壁の周辺に百万人、計二百万の大都市でした。城壁の中の宮城「大極宮《たいきょくきゅう》」をとり囲んで延びる九本の大街《だいがい》（大通り）は、東西南北に三門ずつ計十二の城門を築き、都市の南門から宮城正面までの、都市を東西に分ける南北の大通り「朱雀門大街《すじゃくもんだいがい》」は幅員一五二メートルあったといいます。皇族と官僚は東側に住み、商人、外国の貿易商、一般の住民は西側に住む。北の城壁の外には

戦闘的な城塼の張り出し

広大な皇帝の「狩場」と「離宮」。城内は碁盤の目に道が通り、百十二の行政単位である用途別の「坊《ぼう》」に区画されていて、例えばあの有名な公設市場の「市《いち》」が東西にあり、とくに「西市《さいいち》」は外国人（胡人《こじん》＝ペルシャ人）たち貿易商人の集まりで活気に溢れていたようです。まさに華麗な国際都市だったのでしょう。記録によると、唐の「長安」には、中央アジア、ペルシャ、メソポタミアなどから四千世帯もの外国人が暮らしていたらしく、また、この時代のローマやアラビアで使用されていた金銀の貨幣が発掘されるとあります。

夜になると十二の城門も、坊の門も閉ざされました。

さて、この大唐帝国の仏教建築と美術のことですが・・・。

広大な大唐帝国の領土が西域にかかる甘粛《かんしゅく》省敦煌《とんこう》市の、無数の仏蹟を残した「敦煌莫高窟《ばっこうくつこうくつ》寺院《じいん》」は、北魏の時代から栄えていたものですが、この遺跡の三分の二は七―八世紀の隋と唐の時代に造られたものだそうです。この勢いはここだけにとどまらず、西安の南方の山岳地の、先に記した四川省「峨眉山《がびざん》大仏、楽山《らくざん》」や、さらに南のビルマに近い雲南《うんなん》省でも「石窟寺院」が掘られていきます。また、七世紀中葉にはこの帝国の領土は甘粛省よりもさらに西方の、タクラマカン砂漠の「楼蘭《ろうらん》」、その西北のキジルクーム砂漠の「サマルカンド」へおよんでいきます。

紀元六四五年、玄奘が十六年かけたインド―中央アジアの旅から帰国し、新たな経典と七体の塑像仏《そぞうぶつ》を持ち帰ったことが、唐の仏教建築と美術に一層の刺激をもたらすことになりました。長安の都に「大雁塔」が建設され、玄奘が持ち帰った経典が納められ、皇帝によって仏教が庇護され奨励されます。つまり、寺院に免税措置がとられる換《かわ》りに、帝室を支援し、民衆を善導《ぜんどう》するという治安の政策と軸を一つにしました。

唐帝国の政治的安定と仏教の隆昌《りゅうしょう》はお互いを援《たす》け合うことになったのです。

高い身分を持つ官職の人々、外国との交易で富裕になった唐の商人、また外国の商人たちへも、仏教寺院を建て、仏像仏画を奨励したのですが、それが富裕層の間に「流行」として受け入れられたといいます。国家が安定し、富裕になった人々は、きっと進んで仏の功徳《くどく》を積み仏教に帰依《きえ》し、高徳の身分を誇示したのでしょう。六七三年には「則天武后《そくてんぶこう》」自らが国家事業として「龍門石窟奉先寺洞《りゅうもんせっくつほうせんじどう》」につくらせた高さ一六・四メートルの「弥勒菩薩像」や、近年発掘された西安市郊外扶風《ふふう》県の「法門寺跡《ほうもんじあと》」の「法門寺塔（楼閣式）」の地下宮から出土した「舎利函《しゃりばこ》」「宝仏、棒真身《ぼうしんしん》菩薩座像」等々の多くの遺物は仏教美術の頂点に位置するものだと記されています。

一九八七年に新たに大改修されたこの六角十二層の「法門寺塔（楼閣式塼塔）」は絢爛として現在聳《そび》えています。

しかし、唐の仏教は「聖」と「俗」が混同され始めます。

仏教寺院の伽藍《がらん》や仏像仏画を依頼する富裕な人々は、お釈迦さまの脇に侍《はべ》る「脇侍仏」や「飛天」を自分たち一族に擬《なぞら》えて描かせるということに傾斜していきます。石窟の仏壁画さえ、まるで宮廷生活そのものの華麗な風俗画のように伝えるものが少なくないのはこのためでしょう。

では、唐時代の「塼塔建築」をいくつか挙げておきましょう。西安市に現存する、大慈恩《だいじおん》寺の「大雁塔《だいがんとう》」、薦福《せんぷく》寺の「小雁塔《しょうがんとう》」、香積《こうしゃく》寺の「善導塔《ぜんどうとう》」についてはこのすぐ後にとりあげて説明します。

この他に、唐時代のものとして先には説明しなかった河南省登封県の初唐に再建された十五層の密檐式の「法王寺塔《ほうおうじとう》」があります。正方形の基層が高く造営されたこの塼塔は、尖塔に崩れがありますが、山麓の谷あいを背景にして四〇㍍の高さでまことにスラリと高貴な姿をして立っています。また、おなじく登封県にはこの法王寺塔とそっくりの正方形の「永《えい》泰《たい》寺《じ》塔」があります。塔高は半分の二〇㍍で、塔刹も塼で、その先の宝珠部分はありませんが、嵩山《すうざん》・大室山《だいしつざん》の西の麓にあり、景観の美しさもよく似ています。もう一つ、山東省済南市に、「五塔寺」ではありませんが、「九塔寺九頂塔」という塼塔があります。いずれの塼塔の場合もそうですが、すでに伽藍は焼失、廃絶《はいぜつ》されて塔だけが遺構として残っています。この八角形の「九塔寺九頂塔」も一三㍍で、いままでの塔と比較すると低いのですがじつに風格の異なったものです。原型はインドなのでしょう、基層の屋根の上を陸屋根にして、その上の中央におなじ塼で四角い楼閣式の高い塔を築き、さらにその周囲の八角の屋根の脊梁《せきりょう》から外に向かって小さい塼塔が八基あるという、合計九塔の多宝塔です。以上、三塔を加えておきましょう。

実は取り上げたら切りがないのです。

私たちが、調査見学のために雇ったオンボロ車で走っていると、予定にない「塼塔」にいくつも出会います。西安市の東南の「少稜原《しょうりょうげん》」という高台を走っているときも「華厳《けごん》寺」の跡にポツンと建ち残った二基の塔に出会いました。どちらも高さ二〇メートルはある立派な塼塔です。木造の正殿や伽藍は、ここでもすでに廃絶していますのでなにもありませんが、「塼」で構築した塼塔は朽ちることなくそのまま放置されています。同行の教授の聞き込みで、これは華厳宗を大成した「杜順《とじゅん》（五五七—六四〇年）」という高僧を祀った「真如塔《しんにょとう》」であることがわかりました。もう一基の塔は、おなじく華厳宗の四祖にあたる「澄観《ちょうかん》」（七三八—八三九年、清涼国師）を祀った「妙覚塔《みょうかくとう》」だった、という次第です。スナップ写真を入れておきます。

真如堂（手前）と妙覚塔

153　西安（長安）の城壁

十七、大雁塔《だいがんとう》

次は、玄奘三蔵《げんじょうさんぞう》の「大慈恩寺大雁塔《だいじおんじだいがんとう》」ですね。
―― はい。インド（天竺《てんじく》）から帰国した玄奘が経典を納め、経訳に専念したところです。

「玄奘三蔵」を祀《まつ》った塼塔は「興教《こうきょう》寺玄奘塔」です。なにはともあれ、その後の仏教の興隆に欠かすことのできない梵語《ぼんご》の（サンスクリット語）経典を漢訳した「玄奘三蔵」のことを概略知っておかなければなりません。

これも先と同じく岩波の『仏教辞典』から引用させてもらいます。

「玄奘（げんじょう）六〇二―六六四。中国四大翻訳家の一人。河南省洛陽の出身。初め涅槃経や「摂大乗論《しょうだいじょうろん》」を学んだが、さらに「アビダルマ論、阿毘達磨《あびだつま》」や「唯識《ゆいしき》学」を原典に基づいて研究しようと志し、独力で六二九年に長安を出発し、艱難辛苦しつつ新疆省の北路―西トルキスタン―アフガニスタンからインド（天竺）に入り、中部インドのナーランダー寺院で、シーラバドラ（戒賢、五二九―六四五）に師事して唯識説を学び、インド各地の仏跡を訪ね、仏像、仏舎利のほか梵本六五七部を携え、六四五年に長安へ帰った。帰国の年、彼の翻訳事業のために勅命によって建てられた国立翻訳機関としての翻訳院において、弟子らと共に仏典の漢訳を開始した。漢訳されたものは、大般若経全一〇〇巻をはじめ七六部、一三四七巻にのぼる。彼の翻訳は、原典により忠実であることを目指しており、彼以前の漢訳を「旧約《くやく》」として、彼の「新訳」と区別される。また、玄奘の旅行記「大唐西域記」は、七世紀前半の中央アジアやインドの地理、風俗、文化、宗教などを知る上に貴重な文献である。ちなみに玄奘の旅行は元・明代に戯曲化され、「西遊記」が作られた。後世、「玄奘三蔵」「三蔵法師」などと呼ばれるようになった」と記述されています。

『仏教辞典』には翻訳家の一人と記されています。そうに違いありませんが、この、いわば学者が、今から千四百年も前の時代に、長安を出発して大回りで西方の西トルキスタンを目指し、ヒンドゥークシ山脈を越え、アフガニスタンからインド（天竺《てんじく》）へ入るコースをたどったこと自体が苦行であり、さらに釈迦に由来するナーランダー寺院で唯識説《ゆいしきせつ》の原典を研究して、その後インド各地の仏跡を回り、玄奘よりさらに千年位前の釈迦の説教を編纂した「経典」を探って、きっと書き写してきたに違いないのですが、おまけに七体の塑像の仏像まで持ち帰った、というのですからとんでもないお坊さまです。それから、現代まで約千五百年間、われわれは玄奘の漢訳を読み続けているわけです。

さて、陝西省長安県にある玄奘の墓塔「興教寺玄奘塔」は、正方形の高さが二十一メートル、五層からなる楼閣式の五重の塼塔です。唐代の紀元六六九年に創建され、八二八年に修復されたというものです。基壇を條塼《じょうせん》で高く積み、二層以上は塼の表面に斗栱、柱、扉を浅く彫って擬似楼閣状の意匠にしています。そして、アーチ型の開口部が二層と四層に穿《うが》たれている

修復前の興教寺玄奘塔

という、宗教界の巨人にしては、瀟洒《しょうしゃ》な墓塔です。

「大雁塔」の説明に移ります。

この本の冒頭の部分で、唐の詩人、章八元《しょうはちげん》の「慈恩寺塔に題す」や、陳舜臣の小説『曼《まん》荼羅《だら》の人』で日本の空海が帰国の前に、唐の詩人、杜甫、柳宗元《りゅうそうげん》と一緒に登って別れを惜しんだ様子、それに、近年ではやはり小説家の井上靖、司馬遼太郎が「大雁塔」へ一緒に登ったときの話を拾い書きしましたが、その「塼塔」です。

遠景で見る七層の大雁塔は、球形になったインドのストゥパの形はどこにも見当たりませんが、それでもなお私はエキゾチックなイメージを感じました。各層の屋根庇《ひさし》を長方形の條塼だけで浅く積み上げ、各層の壁面にアーチ型の開口部を小さく開けて四角錐のように高くガッチリ積み上げた簡素そのものの密檐式《みつえんしき》（檐《えん》は庇）の素朴なかたちです。むろん、中央アジアの建築様式ではありません。やはりインドでしょうか。六年ほど前、インドの仏蹟を訪ねる旅で聖地ブッダ・ガヤ（ボードガヤ）のお釈迦さまを祀った「マハーボーディ塔寺院」（前三世紀アショーカ王が建立、二世紀に再建造した）へ行きました。細部やたたずまいはまるで違いますが、四角錐で雄渾な塔の姿が似ています。「大雁塔」はこれを範にしたのかもしれません。（前掲の写真マハーボーディ寺院参照）

「大雁塔」は、ほとんど長方形の條塼の厚みの側面を表層に用い、階段式の「持ち送り庇」と「段落壁面」の出と入りを利用して「柱、梁、壁」を造り、庇の「密檐部分」では、長方形塼の「隅角」を菱形に利用して、七層、五九・九㍍も積み上げられているのです。レンガ積みの名人は中央アジアのイスラム教のモスク建築が元祖と思い込んでいましたが、大雁塔の塼の使い方を見てこの思い込みを改めたくらいです。

直線のリズムがじつに簡潔です。

「簡潔」という意味では、隋・唐代の「密檐式塼塔」はどれも簡素ながら「世界の名建築」

大雁塔の塼の組積法

という気がします。

「大雁塔」は陝西省西安市の南近郊にある大慈恩寺の境内《けいだい》にあります。本来の名称は「慈恩寺」で、「大慈恩寺」というのは、唐都長安城内の「進《しん》（晋《しん》）昌坊《しょうぼう》」の地にあり、紀元六四八年（貞観《ていかん》二二年）に当時の皇太子皇宗が、母の文徳皇后の慈恩に報《むく》いるために、隋代の廃寺「無漏寺《むろうじ》」の地に「大慈恩寺」を建立したのが起源といいます。境内には、およそ十余院あり、広大な規模の寺院で、やがてインドから帰国した玄奘を上座（首座、第一座）に迎え、「翻訳院」と定め、訳経に専念させたと記しています。

これが後に玄奘を「大慈恩寺三蔵法師」と呼ぶ理由です。

そして、紀元六五二年（永徽《えいき》三年）には、玄奘がインド（天竺）から持って帰った経典や佛像を収めるため、五層の塼塔を建てたのが「大雁塔」の始まりだったということです。

その後、仏教を奨励した則天武后《そくてんぶこう》の時代に高層の塔に再建され、現在の方形の密檐式の七層の塼塔に変わりました。則天武后は美貌と才知にすぐれ、高宗の側室の立場から権謀術数《けんぼうじゅつすう》と妖気を駆使して皇后になった野望の強烈な女帝で、歴史書にはその帝位は血まみれだったと書かれており、仏教さえ治世のために利用したと伝えられています。しかし、「龍門石窟寺院」の、彼女に似せて造らせたという弥勒菩薩の石の仏像も、「大慈恩寺塔」など、その後の仏教建築、仏教美術の遺跡として何ものにも変えがたい「仏教遺産」になって現在におよんでいます。

「塼建築」の補修要領をみておきましょう。

一九九〇年の夏に「大雁塔」を訪れたとき、大雁塔の側壁を補修している現場（写真①②）に出くわしました。低い位置だったので写真にとれたのですが、これを見ると、木の丸太の脚に、割り竹を縦に組み合わせた足場板の上で、劣化した塼の表層部分と目地を、鉄の棒ヘラで掻《か》き出し、新しい塼を下の方から順番に詰めている様子がわかります。下の壁が汚れているのは後で洗浄するのですが、接着と目地に用いているねずみ色のネトッとした「モルタル」はセメントと微塵砂というものではなく、石灰粉に、何か独特の粘土を多量に混ぜているという感じでした。塼ならばこそ、こういう部分的補修が絶え間なくできるのでしょう。中国各地で遺跡の修復が始まった時代です。

次は、おなじ西安市の、やはり則天武后が興した「薦福《せんぷく》寺の小雁塔《しょうがんとう》」です。

写真①

写真②

大雁塔を境内からあおぎ見る

十八、小雁塔、山門

西安市の「薦福寺小雁塔《せんぷくじしょうがんとう》、山門」ですね。
――やはりインドの経典、法華経の翻訳僧、義浄《ぎじょう》をたたえた記念塔です。

世界史上まれに見る大文明都市「長安」を出現させた大唐帝国ですが、「陶芸の釉薬」に限って言えば、紀元前にチグリス・ユーフラテス河の中洲に勃興したメソポタミアの宮殿遺跡からおびただしい数量の「彩釉《さいゆう》レンガ」が発掘されたのに比べてはなはだしく見劣りします。中国の隋・唐時代のやきものの釉薬は、「唐三彩」「青磁」「白磁」「黄釉」「黒釉」「緑釉」が主なもので、このことを反映しているのでしょうか。隋・唐の塼塔建築の「塼」の上には、ほとんど釉薬がありません。先に見てきましたように、明・清時代の塼塔は、やきものの釉薬技術が反映してどの塼塔もきらびやかな「琉璃塼《るりせん》」で彩色されましたが、隋・唐時代の塼塔は無釉の「土の呈色《ていしょく》」のままです。

土の呈色と、基本的な條塼だけでつくる形態はおのずから精悍な塔建築になっています。

一方、「石窟寺院の石の仏像」は魏の時代から極彩色《ごくさいしき》や金箔《きんぱく》に彩られてきたので、これらの顔料を釉薬として応用する技術がなかったとは言い切れません。もっとも、「唐三彩」のような「軟陶《なんとう》釉（低火度）」には鮮やかな色を用いていましたが、太陽の紫外線と空気の酸化に弱い釉薬ですから、野外では使用しなかったのでしょう。

さて、ちょっと後ろを振り返ってみます。

隋・仁寿《にんじゅ》二年（六〇二年）に建った河南省登封県の「永泰《えいたい》寺塼塔」、初唐（七世紀前半）に建った同じ登封県の「法王寺《ほうおうじ》塼塔」、唐の総章《そうしょう》二年（六六九年）の陝西省長安県の「興教寺《こうきょうじ》玄奘塼塔」（写真）、そして、先の唐の長安四年（七〇四年）の「慈恩寺大雁塔《だいがんとう》」（写真）、登封県「少林寺塔林」（写真）、そして、ここに取り上げる唐の景龍《けいりゅう》一年（七〇七年）の西安市の「薦福寺《せんぷくじ》小雁塔」の塼塔など、すべて隋・唐の塼塔建築は「土の呈色」のまま、塼の基本形である條塼、方塼を十層、十五層に積み上げた凛々しく精悍な姿をしているのが特徴です。

さて、そうはいいながら、「大雁塔」（高さ五九・九㍍）が大唐帝国の宗教的威厳を発散しているとすれば、四年後に建立された「小雁塔」（高さ四三㍍）は唐の長安の麗《うるわ》しい内質をたたえているように見えます。大雁塔が幾何学的な直線をどこまでも重視しているのに対して、小雁塔はもと十五層ですが、七層目から塔頂にむかってわずかに曲線を見せているからです。おなじ幾何学的直線を重視する密檐式《みつえんしき》（檐、ひさし）でも、わずかに曲線を表現するかしないかでわれわれの心に映る心理的影響は大きく違ってきます。雄美と麗美と、長安のひとびとが塔の高さだけでなく、「大雁塔」「小雁塔」と親しみをこめて呼び慣《なら》わした根拠でしょうか。また、儒教が男社会の「礼」を重視したのに対し、インドの仏教は男女の「営み」を平等にあつかったことにも原因があるかもしれません。隋・唐の仏像に女の顔立ちをした菩薩像や観音像がたくさん見られるのもそのためです。

では、小雁塔の由来を引用しておきましょう。

唐代の玄奘がインドの仏典を漢訳した偉業をたたえられて建立されたのが「大雁塔」なら、「小雁塔」は、玄奘の偉業を慕って約五十年のち三十七歳で海路インドへ赴き二十五年か

小雁塔全景、塔頂部分は見えない

けて多数の梵本を持ち帰り、「金光明最勝王経」「孔雀王経」など五十六部、二百三十巻の経典を漢訳した山東省出身の僧「義浄《ぎじょう》」（六三五—七一三年）の偉業をたたえて建てられたものです。

インドの経典（サンスクリット語、パーリ語）の翻訳家として一般に知られているのは、東晋時代の僧「法顕《ほっけん》」（生没不明）、インド貴族の父とキジ国の王族の母との血を引く「鳩摩羅什《くまらじゅう》」（三四四—四一三年）、唐の「玄奘」（六百二—六六四年）、そして「義浄」の名くらいですが、じっさい中国では後漢から元代まで約千年間も翻訳が続き、名のある翻訳家の数は二百二名に及んだということです。

中国仏教にとって西域とインドはまさに先進国だったのでしょう。

薦福寺は、唐の長安城の開花坊《かいかぼう》と安仁坊《あんじんぼう》にまたがって建立された大寺で、明の西安府時代の南門の外に位置していました。隋の第二代皇帝、煬帝《ようだい》が住んでいた屋敷を文明一年（六八四年）に則天武后が仏寺に改め、献福寺《けんぷくじ》と名付け、天授《てんじゅ》一年（六九〇年）に「薦福寺」と改称しました。「小雁塔」は景龍一年（七〇七年）に建立されます。

塼を積んだ高い基壇の上に、一辺が一一・三八メートルの正方形で、当初は十五層の密檐式の塼塔でした。明代末の地震で一時、塔頂から基壇まで断裂が入りましたが、再度の地震で奇跡的に原形に復し、さらに明の嘉靖《かせい》三四年（一五五五年）の地震で、今度は塔頂部の二層が崩壊したため、現在の十三層の姿になったということです。

この塼塔は、宋、元、明、清の各時代の修復を受けていますが、古い文献の記載によりますと、もとは初層の周囲に木造の「裳階《もこし》（裾欄干）」があり、尖塔には宝頂式の塔刹があったようです。

初層の南北両面に半円アーチ形の入り口があり、内部は正方形の一室で、上へ登る階段があり、各層に低い半円アーチ窓を開き、壁面に斗栱や桁の意匠は一切なく、軒の持ち送りには條塼の隅角を菱形に二層挿入して変化をつけた唐時代の密檐式の代表的な美しい遺構だと思います。

最後に、清朝時代に建造された、義浄の訳経『金光明最勝王経』に由来する「最勝法門」の額を嵌《は》めた、アーチ形の入口をもつ琉璃瓦と塼積みの山門の写真を入れておきます。小さな山門ですが、壮麗な彫り物をあしらった琉璃色の屋根庇と、その下を二段構えにした唐草の端麗な装飾が美しく、見事な左右均整をつくっている山門です。

最後に、唐時代の密檐式の塼塔をもう一つ加えます。
西安市の浄土宗発祥の「香積寺善導塔」という「塼塔」です。

義浄の訳経由来の「最勝法門」

十九、善導塔《ぜんどうとう》

西安市の西南郊外の香積寺《こうしゃく》の塔は「善導塔《ぜんどうとう》」というのですか。
——唐時代の七〇六年の建立で、浄土宗を開いた善導大師の記念塔です。

はじめに、「香積寺《こうしゃく》」の寺歴と、日本の法然上人《ほうねんしょうにん》の「浄土宗」に触れておきます。

「香積寺」は、西安市の西南の郊外の灃河《れいが》と交河《こうが》が合流する香積村にあります。唐の中宗・神龍（七〇六年）年間に、高僧・懐惲《かいたん》が、その師匠の「善導大師《ぜんどうだいし》」を記念するために建てた寺で、当時のこの地は老木の欝蒼と茂る森の中だったようです。その後、宋時代の太平興国《たいへいこうこく》三年（九七八年）に寺の名をいったん「開和寺」と改めますが、後にまた「香積寺」に戻りました。この寺は浄土宗発祥の寺としてよく知られるようになります。かつての古い伽藍《がらん》は「塼塔」を残すのみでほとんど倒壊してしまい、現在は新しい御堂が建っています。この古い塼塔がじつは善導大師の名からとった「善導塔」であります。

塼塔の塔身を見れば、かすかに木造の楼閣建築を模しているかに見えますが、先述した、登封県の永泰寺塔、法王寺塔、少林寺墓塔、長安県の玄奘墓塔、そして西安市の大雁塔、小雁塔などと同じで、「土の呈色《ていしょく》」のままの「密檐式《みつえんしき》塼塔様式」です。

日本の浄土宗と関係の深い、中国善導大師を祀る「善導塔」全景

また、塔の入口の上に、清朝の乾隆《けんりゅう》帝が揮毫《きごう》した「涅槃盛事《ねはんせいじ》」という石刻の額があります。「涅槃」は「般若心経《はんにゃしんぎょう》」のなかの一節「究竟涅槃《くきょうねはん》ス」の涅槃です。つまり「最後には悟りの境地に入るという誓願《せいがん》」の意味で、浄土宗では阿弥陀仏自身が修行中にたてた「誓願」の意味だと説かれています。

さて、善導大師（終南大師《しゅうなんだいし》）（六一三―六八一年）は、中国浄土教の大成者で、浄土五祖の第三番目にあたり、真宗七高僧の第五の僧とされています。またの名を「光明寺の和尚」といい、山東省臨淄《りんし》の出身です。「玄奘」と同じ唐の時代に活躍した高僧で、「善導」は唐の国運がもっとも隆盛した、高徳賢帝《こうとくけんてい》の治世で知られる「貞観《じょうがん》の治《ち》」（賢相、名将を起用して、内政および学術の充実と領土の拡大に尽力し唐朝廷を興隆させる政策）の太宗の時代と、太宗の美貌の側室（後の則天武后）の虜になり帝位は傀儡《かいらい》化されますが、おおいに仏教を盛んにした「高宗の時代」に生きたひとだったのです。

善導は、出家遍歴ののち、山西省の高僧「道綽《どうしゃく》」に師事し「観無量寿経《かんむりょうじゅきょう》」を授かり浄土教の修行にはげみ、師の滅後、長安の南にある終南山《しゅうなんざん》の「悟真《ごしん》寺」でさらに修行を重ね、のち長安の都に出て、数万巻の「阿弥陀経」と、荘厳な「浄土絵図」を書写してそれを庶民に配りよく教導した高僧で、しかもまた、唐時代に拡張される「龍門石窟寺院」造営の「検校《けんぎょう》（頭領）」をつとめ、長安の「光明寺」「慈恩寺」「実際《じっさい》寺」に住んだと記録にあります。

日本の平安時代の浄土宗の始祖、法然上人は「ひとえに善導一師に依る」とまで宗旨に帰依し京都で「浄土宗」を開いたのです。そして、法然の弟子、親鸞はその著『正信念仏偈』にこれまた「善導独り仏の正意《しょうい》を明らかにせり」と述べたとあります。親鸞は法然の後「浄土真宗」の開祖になっています。日本と関係が深いのです。

これが、西安の「香積寺」の由来と「善導大師」の概略で、その記念塔が「善導塔」です。

「塼塔」の説明をします。

塔の尖端が崩れてありませんが、この塼塔はごらんのとおり先に見た「大雁塔」を少し細身にした正方形で、基壇から十層（現在三三㍍）まで幾何学的な四角錐形になったやはり密檐式のものですが、この塼塔の特徴は各層の庇、つまり檐（えん）を持ち出していく條塼の組積工法が稠密《ちゅうみつ》な意匠を作っていることでしょう。

かといって、ことさら複雑なことをしているわけではありません。

横水平に條塼を持ち出しながら二段積んで、次に條塼の隅角を菱形の突《とつ》にして積み、また條塼を水平に二段積んで、また條塼の隅角を菱に突き出して積む、これを各層へ二列ずつ繰り返すだけのいたって単純な方法です。條塼の段差にできる影と、菱の突の溝にできる影が織りなしていく稜線《りょうせん》の光と影の表現です。むろん、塔身の壁にあたる柱や桁の多少の凹凸とかアーチ窓もありますが、そこはむしろ控え目にして平坦な光を反射しています。したがって「土の呈色」だけという素朴な建築がかえって「西域からの塔」というイメージを濃くしているのでしょう。

唐の長安時代の「塼塔」はどれも土の呈色のまま、簡潔に建立されたのです。

二十、『世界建築集成 支那建築』

柴辻さんはお父さま所蔵の『世界建築集成 支那建築』の本の虜《とりこ》ですね。
―― 崩れそうに建っている古い塼塔が骨董のようで大好きです。

最後に、私が、ずっと心を奪われてきた写真集『世界建築集成　支那建築』掲載の古い塼塔の写真を、白黒ですがたくさん入れますので見てください。後年、私を中国へ誘導した懐かしい写真です。

もちろん、古いといっても明治時代後半から、活躍した塚本靖、伊東忠太、関野貞《ただす》先生たちが現地中国へ行って撮影されたものですから、今からせいぜい八十年くらい前の塼塔の姿でしょう。

中国の八十年まえといいますと、清朝時代末期の政治的動乱の時代ですから、中国（支那）の国土も都市も、それに寺院建築をはじめとする文化財全般も荒れるままに放置されていた時期です。三人の先生たちが撮影されたどの塼塔の写真にもそうした荒れ果てた放置の情景が写っています。しかし、だから駄目なのではなく、かえってその放置の情景が私の心に沁みこんだのです。いくつかその状況を見てみましょう。

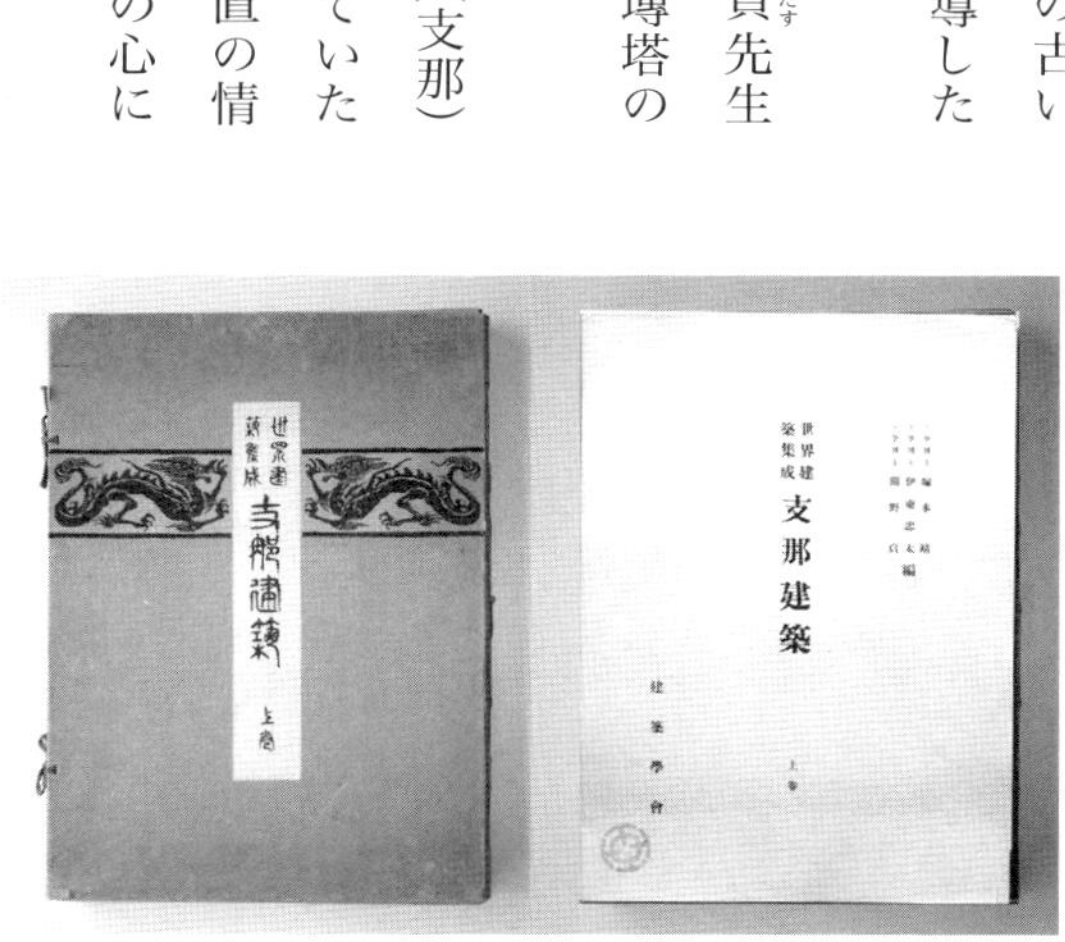

『世界建築集成　支那建築』

写真① 慈清寺塼塔
写真② 白塔寺塔
写真③ 遼陽 西寺
写真④ 奉天 南塔
写真⑤ 雷峰塔
写真⑥ 保俶塔

③	②	①
⑥	⑤	④

最初に、日本兵が六人ほど写っている「奉天省鉄嶺県」の「慈清寺（八角九層塼塔）」という写真①です。塔頂はやや傾いて各層の軒先の「塼」が欠け落ち基層階の上には雑草が茂っていていかにも放置されたままの姿ですが、しかしキリッと建っています。さて、日本が用いた「奉天省」などという地名は現在は「遼寧省」で、「奉天市」は「瀋陽市」のことです。

それはともかくとして、この本の古い地名のまま骨董のような「塼塔」風景だけを複写してみましょう。

写真②は、「瀋陽県」と書かれた別棟の屋上から撮った「白塔寺（八角十一層塼塔）」ですが、やはり塔層の庇部分が相当いたんだままの痛々しい様相になっています。次の写真③と④は、チベット式塼塔で、一つは遼陽県の「遼陽 西塔」（写真③）、もう一つは瀋陽県の基層部分が土に埋まっていますが「奉天 南塔」（写真④）です。両方とも表面が剥げ落ちていて塼がいかに積まれたかを示しています。次の写真⑤は、浙江省杭県の「雷峰塔（八角七層塼塔）」ですが、八角も七層もあったものではなく、塔頂は雑草の帽子で塔芯に向かって開口部から亀裂状に裂け、わずかに塼塔の形骸を残しています。しかし、まもなく自然崩壊してしまったということです。次の写真⑥も、同じ場所の「保俶《ほしゅく》塔（八角七層塼塔）」というのですが、もともとこの塼塔には密檐式の庇はなく、天辺の法珠法輪は立派なのになぜか各層をつなぐ部分が根こそぎ剥落してしまってそこから枝草がはえています。さらにビックリするのが次の写真⑦の直隷省定県にある「開元寺料敵塔（八角十三層）」の、壊れた塼塔のなかにもう一つ塼塔が建っている写真です。伊東先生と塚本先生が撮影されたようですが、ビックリしながらまたとない調査物件に呆れておられる顔が浮かびます。じつはこの反対側（写真⑧）からは実に雄々しく建っているのです。一部だけが雪崩《なだ》れるように落ちたのでしょう。

先の「雷峰塔」や「保俶塔」とおなじように、高い塔の迫《せ》り出した庇、つまり各層の密檐（ひさし）部分や楼閣層部分が塼の持ち送り構造のために弱いのか、この部分がスッカリ脱落してしまった「塼塔」をさらに三ヶ所転載します。

浙江《せっこう》省天台県の「天台山国清寺　六角九層塼塔」（写真⑨）、浙江省臨海《りんかい》県の「千仏塔　六角七層塼塔」（写真⑩）、浙江省鄞《ぎん》県の「天封《てんぷう》寺　八角七層塼塔」（写真⑪）です。ご覧のとおりです。塼だけで建築するため「塼の持ち送り構造」に問題があります。浙江省は温州などという地名があるくらいで寒くありませんが天敵は「雨」で、雨は上からも下からも降るといいますから漆喰だけでは持ち出した塼の重量を支えきれなかったのです。まるで煙突のようにズンベラボウになっています。が、塔身に積み上げられた仏龕の仏たちに言い知れぬ愛着を感じるのです。

最後に、同じ浙江省の鄞県の「太白山　天童寺鎮蟒《ちんもう》塼塔」（写真⑫と⑬）を見ておきます。写真⑫は大正七年に関野先生が撮影されたそれこそボロボロの塼塔です。ところが四年後の大正十一年（一九二二年）に常盤博士（同書編集者）が撮影された写真⑬はこの塼塔を修復した後の写真です。頂層に屋根瓦を葺き、樋をもうけ、立派に楼閣式の頂層を持つ美麗

写真⑦　直隷省「開元寺料敵塔」

写真⑧「開元寺料敵塔」⑦の反対側

な塼塔に変わっています。清朝晩年にも仏教文化財が修復されたようです。

『世界建築集成　支那建築』から「塼塔」のほんの一部を紹介したまでです。


では、この時代の中国の状況をかいつまんでおきます。

日本は、日清戦争（一八九四年・明治二七―一八九五年・明治二八年）で、日本と清国の間で朝鮮の支配権をめぐる戦争でひとまず戦勝国になります。その契機は、一八九四年に起きた朝鮮の内乱「東学党《とうかくとう》の乱」（ヨーロッパ列強の西学に反対する農民蜂起）の鎮圧と、朝鮮の内政改革を訴えて清朝の派遣軍と戦って勝利するという、いわば、日本の植民地政策に意図をおく侵略戦争です。さらに、その十年後、日露戦争（一九〇四年・明治三七年―一九〇五年・明治三八年）で、こんどは日本とロシアの間で、満州と朝鮮を侵略しようとするロシアの南下勢力を食い止めるために、日本は突如、金州、大連、旅順で戦争を始めこれにも短期決戦で戦勝してしまいます。

この戦争は、朝鮮の北西と、中国の北東にある渤海《ぼっかい》湾へ少し突き出た「遼東半島」での局地戦ですが、世界世論にたすけられ、領土拡大を続ける「帝政ロシア」に勝ったということで、日本は西欧列強と肩を並べる東洋の帝国主義国家としての道を進みだしたのです。

また、大韓帝国とのあいだで「韓国併合条約」を結び朝鮮を正式に植民地にしましたが、初代の韓国統監、伊藤博文が暗殺（一九〇九年）される事件がおきています。一方、清朝がチベットを占領するということも起きます。

戦力にものをいわせた各国の帝国主義（資本主義）が植民地獲得のために争奪を繰り広げるのです。

それに一九三一年（昭和六年）、日本帝国は柳条湖《りゅうじょうこ》（中国遼寧省瀋陽《しんよう》郊外）の南満州鉄道爆破事件を画策して「満州事変」をおこし、翌一九三二年（昭和七年）、清朝最後の皇帝「溥儀《ふぎ》」を執政とする傀儡《かいらい》国家「満州国」を建設し、それ以降、日本人は、戦時体制のまま第二次大戦の敗戦国（一九四五年・昭和二〇年）になるまでの約十三年間、安全とはいえませんが割合自由に中国へ入国できました。この写真集『世界建築集成　支那建築』の出版年が昭和三年とありますから撮影されたのはその少し前です。

日本が遮二無二に拡張している時代です。

しかも撮影場所が満州から中国へのかなり広範囲にわたっていますから、先生たちは長期に滞在されたか、あるいは何度かに時期を分けて撮影されたものでしょう。また、この撮影旅行がかなり大掛かりなものであったことも想像できます。先生たちと助手、案内人、通訳、技師、カメラなどの撮影機材を運搬する車両、人夫、水、食料など、いまと違って不便な旅行で、道路事情も、それに中国の世相も日本に対してよくなかったでしょうから、ひょっとすると軍隊が付き添っていたかもしれません。そう考えるとまことに得がたい出版物です。

いずれにせよ、撮影された時代情景を説明するためにもう少し動乱の状況を加えておきます。

さすがに鎖国政策をとってきた清朝の大中国も近代兵器にものを言わせた列強の帝国主義

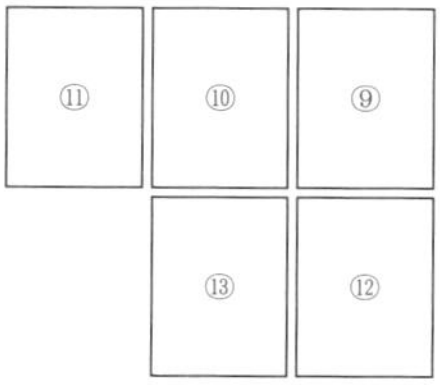

写真⑨ 天台山国清寺塼塔
写真⑩ 千仏塔塼塔
写真⑪ 天封寺塼塔
写真⑫ 太白山 天童寺鎮蟒塼塔 修復前
写真⑬ 太白山 天童寺鎮蟒塼塔 修復後

国家の植民地侵略を押さえ切れなくなっていました。

このころの中国周辺は、ロシアがシベリア鉄道を遼東半島の金州、旅順、大連に延ばし、ドイツが山東省の南部へ、イギリスが中国北部の山東半島と南の九龍島を、フランスが南の広州湾を、それぞれ租借地の名目で、基地化するなどしたため、一九〇〇年に、北中国で、列強への反帝国主義運動として「扶清滅洋《ふしんめつよう》」をかかげる民衆の「義和団」による内乱が惹起《じゃっき》しますが、逆に、そのことが原因となって、一斉に、諸外国の連合軍の出兵を招いてしまいます。さらに一九〇四年から一九〇五年にかけて中国の東北地方（満州）で日本とロシアが戦争をはじめ、日本が「遼東半島《りょうとう》」を手に入れ、さらに、山東省のドイツ軍と対戦するというわけです。ついに一九一二年に「清朝帝国」はこの事態を収束できず倒れてしまいました。清朝は「紫禁城」の中だけに閉じ込められたのです。

変わって「袁世凱《えんせいがい》」による軍閥政権の中華民国」が成立。しかし、一九三一年、「蒋介石《しょうかいせき》」の国民政府」が「中華民国」を倒し、一方で、同じ一九三一年、日本が国民政府に対し中国支配をねらった強引な「二一ヶ条の要求」を突きつけます。さらに、この同じ年に江西省瑞金《ずいきん》では「毛沢東《もうたくとう》の中国共産党」が誕生するというわけです。一九一九年ころからこれらの一連の日本の暴挙に対抗して抗日戦線「五・四運動」が起きていますが、しかし、一九三二年には日本の関東軍が強引に日本の傀儡国家「満州国（溥儀帝）」を建国してしまいます。そして中国との間で無茶な全面戦争を開始しました。が、こういうやり方があまりにも理不尽だったのでしょう、日本は極東で孤立、一九四一年になると、ついに日本の帝国主義は、さらにアメリカ、イギリスを相手に宣戦布告してしまいます。これが「太平洋戦争」です。

そして、一九四五年、日本はアメリカに無条件降伏することで、アメリカと連合した米・英・仏・露・中国の五ヶ国に敗北するという結果を招き、満州からも中国からも南方からも全面撤退するのですが、当の中国国内では、さらに国民政府（蔣介石）と人民解放軍（毛沢東）との内戦が続き、一九四九年、毛沢東の人民解放軍（共産政権）が勝利して北京を首都とする「中華人民共和国」が成立しました。ソ連邦と並ぶ共産主義国家「中・ソ」の出現で、世界は米・ソの冷戦構造時代を迎えたのです。一方、同一九四九年には蔣介石の国民政府は「台湾（中華民国）」で成立します。これが中国の「清朝末期」の動乱の顛末です。

政治史の話ではありません。中国の国土の荒廃の情景を想像してほしかったのです。

したがって、この間、もちろん「日中」は国交断絶のまま、一九七二年、アメリカに次ぐ「日中国交回復」まで、いうなれば、「清朝」が倒れて以降からだけでも、およそ六十年間、中国の国土、そして文化財全般（建築・美術）は、荒廃するまま放置されていたのです。

日本の明治時代（一八六八―一九一二年）の「廃仏毀釈《はいぶつきしゃく》」で寺院の建築・美術が荒廃したときと同じ有様でしょうか。

ですから、中国の文化財が修理、修復、復元され始めたのは多分一九七〇年頃以降、ここ三十年くらいのことでしょう。伊東忠太先生たちが『世界建築集成　支那建築』を編纂出版されたのが昭和三年ですからその少し前の時代の、きっと、大正末年から昭和初年の、いわば中国の国土が戦乱でもっとも荒廃していたころのまったく珍しい中国建築、塼塔建築の写真群です。

この『世界建築集成　支那建築』から複写したたくさんの「塼塔建築」は、ご覧のような次第でかなり損傷していますが、もともと高温で焼成された「塼」でしたから、たとえそれが千年の風雨に晒され汚れて色に変化が生じていても洗浄すれば、ほぼ原形の姿に復元できたものと思います。

また、日本と違って、地震や老朽化で崩れ落ちた塼などを何回も再利用する習慣がこの国にはありますので、とくに著名な建築の古い資材くらいは保存したのでしょう。本書の冒頭に古い資材を確保して積み上げているスナップ写真を掲載しておきました。

もちろん、金目当てで盗んでいって売り飛ばすこともあったでしょうが、この場合は論外です。

ですが、新規に復元された「万里長城塼」の東の端の「山海関」の修復のところで指摘したとおり、昔のように皇帝が命令し国の興廃をかけた城塞でなく、現在は「観光」のための復元・修復用の「塼」ですから「昔どおり」というわけにはいきません。安物です。また、現在では塼の焼成方法自体が合理化されていますから、色や形は似ていても昔のものと同質だとは言えません。

私も、かねて、兵庫県の「旧・甲子園ホテル（現・武庫川学院）」の遠藤新が設計した複雑な外装テラコッタ・タイルの修復材料を手がけましたが、昔は一個一個、工芸的に手作業で造られたもので、また、時間も経っていますからその味わいの復元に往生したことがあります。建築素材一つとってもそれぞれ時代が反映していることがわかります。

さて、最後になってしまいましたが、本文のなかでは紹介できなかった河南省登封県の北魏時代の「嵩山《すうざん》、嵩岳《すうがく》寺」の「十二角十五層の塼塔」のことも付け加えておきます。

登封市から北へ六キロの山麓の樹木が茂る閑散として人気《ひとけ》のない場所にひとり佇《たたず》んでいる「塼塔」ですが、じつは、この塼塔は「中国塼塔建築の目玉」だったのです。平成二年（一九九〇年）、私たちが訪ねたときは中国国家文物局がこの塔の発掘調査をしている最中でした。なんでも、一九八六年に修理をかねて基壇部分を発掘しているうちに地下宮（地下室）から、唐代の壁画や北魏の銘のある石仏が発見され、つづいて一九八九年には塔頂の「刹《さつ》」の内部からも「舎利缶」や、銀の「塔の模型」が見つかったとかで、塔全体に丸太の足場がかかり網がすっぽり被っていました。人影はほとんどありません。でも、塼塔の内部が拝見できる絶好のチャンスでした。むろん「宝物」は移管されていましたが、同行の文物局員の案内で空洞化した塼塔の基壇内部へ入ったのです。日本の「高松塚古墳」の大騒動と違って中国は鷹揚なものでした。夏でしたが内部はひんやりしていて、一見、とても千五百年も経った北魏（五二三年）時代の建立とは思えないほど真新しい雰囲気におどろきました。

とくに「塼塔」は密閉を基本としているので外気も湿度も寄せ付けず、カビのような細菌も植物も繁殖しなかったのでしょう。組積した塼を一枚一枚とりはずしたギザギザの内部

修復中の嵩岳寺塼塔

空洞壁に触ってみましたが、このときの手の感触と目に焼きついた塔身内部の光景はいまも甦ります。寺は焼き払われても、高温焼成した強靭な「塼」の塔は崩すのさえ困難ですから残りました。「嵩岳寺塼塔」の外観は見ることができませんでしたが、北魏の塼工事の跡が体験できたのです。

昭和三年出版の『世界建築集成 支那建築』にも関野貞博士撮影として、この中国最古の「嵩岳寺塼塔」が掲載されています。密檐式のすごく立派な塼塔です。塔高三七㍍。基壇の上の一層目に十二角の楼閣を模した堂塔をこしらえ、その上の十四層へも十二角の楼閣状の堂塔のまま積み重ねていくという稠密なもので、塔の外観の姿はしなやかな紡錘形《ぼうすいけい》です。塔頂には宝珠、相輪、露盤《ろばん》、覆鉢《ふくばち》と、二段構えに拵《こしら》えた塔刹も紡錘形をしています。しかし、すでにこの頃から塔頂部分が崩れかけていますし、各層の檐にはぺんぺん草の生えているのが確認できます。約百年後、私が見学した「塼塔」にもぺんぺん草が茂っていました。

天上影は替《かわ》らねど
栄枯は移る世の姿
写さんとてか今もなお
嗚呼《ああ》荒城《こうじょう》のよわ《夜半》の月

荒城の月 （詩・土井《どい》晩翠《ばんすい》）

やや感傷的なきらいがありますが、「中国の塼塔建築」に捧げる心情です。

「嵩岳寺塼塔」詳細

関野貞博士撮影の「嵩岳寺塼塔」全景

おわりに

この本の冒頭でちょっと紹介した、万里長城の東の端の秦皇島「天下大一関」の「長城博物館」と「角山長城遺跡」で、「塼」について現物を手にとって講義をしてくれたまことに親切な長城建築家、周《しゅう》之鐳《しらい》さんは私の塼の先生だが、長城のあちらこちらへ引っ張りまわされたのには閉口した。膝が笑うというのか、脚がガクガクになった。なにせ長城は山の峰に築かれた城壁で、そこへ至る道も山道なら、長城に到着してからもまた山の峰に沿って塼でつくったアップ・ダウンの激しい階段の登り降りで、途中にある物見台の望楼も腰をかがめ膝を折って、這《は》うようにして小さな射撃窓などの「塼作《せんさく》（造営法）」を教わった。観光用の新規に復元した塼を安物と書いておいたが、周さんは古い時代の「上等塼」は「長安から輸入した。この辺の粘土は悪い」と言った。海岸に近いせいだろうか。それにしても長安は遠い。塼は、黄河を船で来たのだろうか。

「塼塔」は中国北部のもので、南部は「木造塔」が多い。これも周さんの言葉である。

また、「塼作は清明節（春）を待ってはじめる。春になると冬のあいだ凍らせておいた粘土が解凍する。それをまずほぐして乾燥させ、粉末にして湿度ていどに水を加え、鉄の棒で敲《たた》きにたたきながら捏《こ》ねる。いい粘土になったら型に叩き込んで成形脱形し、半月からひと月天日に干す。焼成は松。二十日から三十日焼く。焼きあがったら、伏鉢形の窯の天辺へ水を溜《た》めて窯の中の炎を消して燻《いぶ》し、除冷《じょれい》して取り出すと青墨《せいぼく》色になる。塼を積む糊（ノロ）は、これも水に浸けておいた石灰を乾かし粉にしてから、米や粟を炊いたお粥を混ぜて用いた」と。これも信じられない話だが、長城に登って修復予定現場で確認した。接着剤は「布海苔《ふのり》」を入れるのかと思っていたが、考えてみれば長城は海からはるかに遠い内陸部の山の中だから穀物の粘着性を利用したのである。

塼の検品は、本文にも書いたが、姿、形、寸法、色見、叩き音、破口《はこう》のツヤ、気孔の有無など、科学的とはいえないが焼き物検査の原則を突いている。また、周さんは、「塼を一枚一枚磨きあげることを斫事《しゃくじ》（切る削る）、細塼《さいせん》（磨き整える）」とメモに書いてくれた。

「塼」は用途別に切り分け、切り口を整え、整然と積まれたのである。堅牢な筈であった。

「中国の塼塔建築」を勉強すると、「仏教」「仏像」「仏塔」が流伝した西域とインドに関係し、ひいてはアジア大陸の海をへだてた東の端の日本仏教へ渡来したはるかな道のりと二千年余の来歴をうすうす知ることができる。また、日本の「伝統建築」が中国の仏教寺院様式から展開した名残を留めていることもよくわかる。まあ、すでに消滅してしまっているが、かろうじて京都には残っている。

それにしても、私の父が電気の専門家なのに「営繕課」にいたお陰で『世界建築集成　支那建築』などという古本を残してくれたことが幸いした。さらに実をいうと、約三十年しか存続しなかったが、「株式会社志野陶石」の社長の私を二十年あまり顧問として指導してくださった建築評論家の故浜口隆一先生からも関野貞《ただす》先生や、とりわけ伊東忠太先生のことを聞いた。日本の伝統建築の源流を調査するために、現在でも困難な全アジアをめぐる旅の業績についてであった。そのころの話を思い出しながらつい先日、東京築地のインド様式の「浄土真宗本願寺派　本願寺築地別院」をまた見てきた。「湯島聖堂」も、支那様式の「大倉集古館《おおくらしゅうこかん》」も伊東忠太先生の設計である。とくに大倉集古館には、戦前に輸入した清朝時代の高さ二・五㍍くらいの小振りの「三彩」と表示された塼塔が二基、野外の裏庭に展示されているのがおもしろい。京都の「平安神宮」も、八坂の鉾のように建つ塔「祇園閣」も伊東忠太先生の設計だという。まったく付け足しで失礼だが、故白井晟一《せいいち》先生の京都の定宿がこの祇園閣のすぐそばにあった、京都の名大工、故中村外二《そとじ》の建てた宿「東籬《とうり》」だったが、今は料亭「和久傳」に変わっている。

白井先生はここを書堂にして「書」をかいておられた。着物姿の先生が懐かしい。

下戸《げこ》の私が、中国の夏の昼食で酔った話で「おわり」にする。

イタリアにグラッパという、ワインの搾《しぼ》り糟《かす》からつくる蒸留酒《じょうりゅうしゅ》がある。トレヴィゾで芸術家のボナルディから「これどうだ」とすすめられたのを飲んだ。かなり上等だったのでこれは「世界一」と思っていたが、実は西安市の昼の招待宴で、匂いがグラッパに似た中国屈指の銘酒というたしか「宋河（粮液《リャンイエ》 五四度）」というのを、同行の教授たちが「強いから止《や》めろ」というのにすすめられるまま調子にのって飲んだ。香と味が口中いっぱいにひろがり、胃ではなく私の頭を爽快にし、身も心も軽快になっていった。「これで共産党の国か」と奇妙な驚きと、渺茫とした歴史の贅沢に驚き、沓掛義彦著『壺中天酔歩《こちゅうてんすいほ》』の著述を思い出し、陶淵明《とうえんめい》も李白《りはく》も蘇軾《そしょく》もこの澄みきった明鏡で詩を詠んだのかと、私の頭が明晰になっているのを感じた。食事後も、教授たちの心配を尻目に「こういう酒を上薬《じょうやく》というのか」と上機嫌だった。

末筆になったが、『塼塔　中国の陶芸建築』に興味をもって下さった鹿島出版会にお礼を申し上げます。

平成一九年五月末日　　著者　柴辻政彦

参考文献

『世界建築集成 支那建築』日本建築学会（塚本 靖・伊東忠太・関野 貞 編）
『西域考古図譜』柏林社 （大谷光瑞 編）
『雲岡と龍門―中国の石窟美術―』中央公論美術出版（長廣敏雄）
『世界美術大全集 東洋編 一六巻』小学館編
『アジア史概説』『大唐帝国（中国の中世）』中公文庫（宮崎市定）
『万里の長城』中公文庫（植村清二）
『インド宇宙誌』春秋社（定方 晨）
『西域をゆく』文春文庫（井上 靖・司馬遼太郎）
『空海の風景』中公文庫（司馬遼太郎）
『曼荼羅の人』集英社文庫（陳 舜臣）
『中国の塼建築（平成二年カレンダー）』志野陶石出版部（徐 朝龍・田辺昭三・柴辻政彦）
『東洋が生んだタイル・塼』志野陶石出版部（田中 淡・金 正基 他）
『岩波 仏教辞典』岩波書店（中村元・福永光司・田村芳朗・今野 達 編）
『字通』平凡社（白川 静）
『中国仏塔紀行』東方出版（長谷川 周）

写真クレジット

『世界建築集成　支那建築』（日本建築学会）から
p14, p20, p96, p108, p130, p138, p154, p162, p168, p172, p174, p179, p184, p185
東出 清彦　p7, p23, p27, p40, p41, p42, p58, p96, p100, p102, p114, p116, p117, p119, p124, p129, p132, p133, p142, p143, p146, p148
佐野 賢　「八、インドの仏教遺跡」写真提供
定金 計次　「八、インドの仏教遺跡」写真提供
長谷川 周　p99, p104, p107
池田 勝俊　p49, p56, p173
その他は著者による

協力

樋口 典子　作図協力
池田 勝俊　地図作成

塼塔　中国の陶芸建築

二〇〇七年九月二十五日　第一刷発行　ⓒ

著者　柴辻 政彦

発行者　鹿島 光一
発行所　株式会社　鹿島出版会
〒一〇〇-六〇〇六　千代田区霞が関三丁目二番五号
霞が関ビル六階　電話〇三（五五一〇）五四〇〇（代表）
http://www.kajima-publishing.co.jp

デザイン　池田 勝俊（I.d.s. 池田デザインスタジオ）
印刷・製本　壮光舎印刷

2007 Printed in Japan
ISBN978-4-306-04487-6 C3052

ノモンハン
黒龍江省
ハルビン
長春
吉林省
瀋陽
(奉天)
遼寧省
朝鮮民主主義
人民共和国
日本海
ゴル自治区
長城
大同
北京
天津
河北省
太原
山西省
山東省
黄海
黄河
洛陽
鄭州
徐州
江蘇省
河南省
和国
安徽省
南京
蘇州
上海
江
湖北省
武漢
杭州
浙江省
湖南省
江西省
福建省
台湾
自治区
広東省
香港
海省
大韓民国
東京
京都
大阪
日本
太平洋